被记住，你才能赢

［美］卡门·西蒙（Carmen Simon）◎著
阎 佳 曹沁颖◎译

IMPOSSIBLE TO IGNORE

CREATING MEMORABLE CONTENT TO INFLUENCE DECISIONS

中国人民大学出版社
·北京·

IMPOSSIBLE
TO IGNORE

目　录

第一章　为什么记忆在决策中至关重要

你会裸体参观博物馆吗？如果你到访过澳大利亚塔斯马尼亚的古今艺术博物馆（Museum of Old and New Art，MONA），你说不定真会考虑一下。古今艺术博物馆是一家极富创新性的博物馆，它的收入逐年增加，颠覆了艺术界的许多惯例。博物馆一般都建在地上，这一座却建在地下；博物馆一般都交通便捷，这一座却地处孤岛上的工人阶级街区。你无须爬大量的台阶，也不用在大理石柱间穿梭才能进入古今艺术博物馆，相反，你会从一座网球场走进去。

艺术展览通常是有标识的，古今艺术博物馆却没有。没有标识或指示，游客不必按照逻辑顺序参观，所有的藏品，也不按时间顺序展示。博物馆展出种种古旧玩意儿，有胖乎乎的红色保时捷雕塑，有腐烂的牛尸，有空白书籍图书馆。深色墙壁凸显了突破标准白色展馆的用意。澳大利亚一家杂志形容古今博物馆为“佩特拉失落之城和柏林午夜的混搭”。博物馆大胆的性与死亡主题跟塔斯马尼亚首府霍巴特谦恭的居民形成了鲜明对比。喜欢额外刺激的游客，还可以加入晚上 9 点以后的“天体”之旅。此时，连警卫和导游都赤裸着身体。

这种反传统的艺术展览方法，来自大卫·沃尔什（David Walsh），一个神秘的千万富翁、数学家，2007 年才骤然进入媒体视线。沃尔什靠赌博发家，但用的不是詹姆斯·邦德那种性感的法子，而是采用了应用数学的门道。在攻读数学学位期间，他发现，如果你知道怎样在合理的规制内玩牌，就能在赌场里赚钱。赔率始终偏向庄家，但背靠大笔现金支撑，采用低收益、低风险的方式下注，还是能赚到一些钱的。沃尔什找了一位合伙人提供财务支持，自己写了一套证明运算式赌博有利可图的算法，以赛马为重点。等发了财，他克服了从小体弱多病带来的社交尴尬，决定“抛头露面”，把自己古怪的爱好向全世界公开，期待迎来受众。

尽管从很多方面来看，沃尔什不合常规，但从人精神健康的方面来看，他相当正常。我们多多少少都在创造东西，并希望其他人为它采取行动：读它，听它，喜欢它，买它，把它推荐给别人。我们想要影响人们的选择。但置身越来越复杂、越来越喧嚣、竞争越来越激烈的时代，该怎样让他人做出有利于我们的行动呢？本书揭示了怎样借助一个遭到忽视的变量来引发行为。这种变量就是——记忆。

人们会根据自己记住了什么来采取行动，而不是那些记不住的。

随着学者和神经学家对人类行为认识的逐渐深化，记忆的概念重新焕发了生机。最新的科学发现把记忆放在了适应行为和决策的核心位置。科学家们也越来越担心，社会正在免除我们的记忆之责。我们有了越来越多的设备和程序帮忙记忆。别人的电话号码——手机可以存储；别人的生日——社交应用可以提醒；演讲时要说什么——幻灯片为你提示；就连植物，最近也能利用推特来通知我们给它们浇水了。照这样的速度发展下去，我们有望成为健忘的一代人。

拥有能帮我们记住事情的机器很有用，但是，至少在目前来看，仍然是人类在推动社会的不断发展，有机记忆是接下来会发生些什么的核心。特别是在企业，如果我们没有一套系统的方法让别人记住重要的事情，我们就必须每天重新发现成功公式。

遗忘会给企业造成重创。在创办古今艺术博物馆之前，沃尔什曾买下自带两栋小楼的两英亩地产，将其中一栋改建成了小型博物馆。他还记得，这个场地“优雅、洁白、低调，基本上和别的博物馆一个样”。换句话说，容易被人遗忘。这跟你所浏览的商业内容有没有什么相似之处呢？

最初，沃尔什设想的是办一家小型的废弃之物博物馆，后来又想到了“愧疚之物”的主题。他和合作伙伴在南非的一家赌场赢了18 000美元，却发现带这么多钱过境是违法行为。于是，他花钱买了一扇古董门，这点燃了他对艺术收藏的兴趣。没过多久，一件又一件的藏品就塞满了他的屋子。后来，他养的猫打碎了一件昂贵的藏品，他知道自己必须对这些艺术藏品采取点措施了。

他把最初平淡无奇的博物馆改造了一下，变成了可以租给人们举办公务或社交活动的地方。他喜欢看着人们在博物馆的环境里搞聚会，在构思古今艺术博物馆的时候，他脑海里冒出了这样的组合。他着了迷似的不停发问，“如果把参观博物馆的目的改一下，那会怎么样呢？”“该怎么让人们走进门来？”“什么样的展览让人难忘？”他甚至问，“如果没人来怎么办？”

这些问题来得很自然，因为当我们渴望成为人们未来决定一部分的时候，我们也是含蓄地在询问，未来将带来些什么。要理解怎样影响他人的记忆，必须尝试预见未来。这是因为所有神经正常的人，都在坚持不懈地快速前进。大脑在进化中变成了一台预测引擎，因为自然选择偏爱那些能够准确预测未来的人。在今天清晨的某一刻，你是否预测过这一天会怎样度过，你的身体什么时候需要食物，你晚上会做些什么？你会根据这些预测来选择具体的行动，以求获得最大的回报吗？

最重要的是接下来会发生什么。

如果大脑是一台预测引擎，记忆就是它的燃料。可以说，我们需要过去记忆的唯一原因，就是为了能够知晓未来。在日常生活当中，我们会做出能够最大化自身生物适应性的行为选择，这就是为什么我们的大脑会演变出这样的能力：掌握环境的关键特征，根据过往记忆预测这些特征带来的回报，再运用这一信息做出最有利的决定。

过去 10 年，凭借愈益先进的大脑功能成像技术，我们对记忆怎样运作有了更深刻的认识。在现阶段，我们能够看到想法的运动，图像的形成，甚至记忆的诞生。诚然，这些技术有着局限性。有些技术更擅长极其快速地捕捉神经活动，但它们对大脑的探测不够深，或者不够远。要想完全解码大脑，或是把记忆下载、张贴到社交媒体上，我们还有几十年的路要走。未来有一天，或许我们能把 MRI 仪放进智能手机里。就目前而言，针对大脑怎样处理信息，记住并决定接下来怎么做，已经有了很多令人兴奋的见解。本书的目的，就是把现有的记忆研究转化成你能每天使用的实用技术，帮助其他人记住你认为重要的东西，并因之采取行动。

让我们先从人自然而然记得住的东西入手吧。研究表明，当我们选择一个动作时，会通过以下三种方式依靠记忆来预测奖励，指引自己的行为：

（1）反射方式，也即我们下意识地改变行为，以确保生物适应性。只要经历过一次与热表面（刺激）的接触，就记得住下一次该做些什么以延长生存（奖励）。

（2）习惯方式，也即我们重复过去经验证可获得奖励的行为。反射的回报是有着内在生物价值的，和反射方式不同，习惯性决定涉及学习和记忆的关联（这种关联可以是任意的）。在科学实验中，经过反复试错，动物学会左转或右转后获得食物，日后便会自动导航。我们也是一样：最初是发挥认知努力找到最佳方式，达成目的，一旦证明合适，便遵循原来的方法继续做，不再思考。

（3）目标导向方式，也即我们根据过去来预测结果，但愿意按照新信息来调整思路。例如，因为习惯方式尚待建立，我们会采用新方法来工作；又比如，因为原先的工作报酬低，我们会去申请新工作。

所有这三种采取下一步行动的途径，都各有优缺点。有时，它们协同运作；有时，它们互相较劲。不过，它们都是适应性的、可预测的，受记忆的推动。

要给人们留下印象，你必须成为他们看重的反射、习惯和目标的一部分。

科学家拟出了一份具有生物奖励（追求愉悦之事或回避不愉悦之事）、能唤起反射响应的刺激清单。想想你对甜味、腐臭、适度体温、疼痛、肢体接触、蛇、鲜花、咄咄逼人的语气、玩耍、调情、性、哭闹的婴儿、睡眠、新奇的事物、利他或自控各有什么样的自动反应。科学家们认为，这些刺激是初级强化物，也就是说，是先天预置的，不是后天习得的，能产生自动响应。相比之下，金钱、促销等二级强化物，需要学习，至少在最初，必须要付出认知努力才能产生动作。

古今艺术博物馆令人难忘，因为其主题能轻松地跟人们自然而然想到的东西挂上钩，并带来自动行为。博物馆里有许多新颖、刺激和好玩的东西，反射性地邀请人给予回应。展品“不加标识”的做法，是为了让游客完全控制自己的行为，免受“教导之暴政”（这是策展人的行话）。沃尔什认为，艺术作品旁边的说明文字越多，这件艺术品就越糟糕。他还认为，把信息强加于人，会令人反感；而邀请人们主动求索信息，则会让他们与信息互动，留下深刻的记忆。

要在古今艺术博物馆搜索信息，游客必须使用绰号“噢”的 iPod Touch，它会根据环境来显示相关内容。随着人们走过不同的展品，“噢”上的信息会不断调整，显示每一件展品的更多细节。沃尔什预计，一旦时机成熟，人们就会习惯性地寻找有关作品的信息。为建立“噢”系统，博物馆方投资了数百万美元。“噢”根据环境背景调整内容的功能需要使用GPS定位，但博物馆建在地下，于是策展人改为使用采矿行业里矿工不借助GPS跟踪彼此位置的技术。这一努力带来了回报。如果你变成了人们习惯的一部分，也就成为了他们记忆的一部分。

我们还会根据目标来采取行动，和反射或习惯不同，它允许我们根据新的信息改变想法。研究表明，大鼠在学习迷宫路线寻找食物的时候，如果改变食物的放置位置，有些大鼠能够调整路线。大鼠在适应的过程中形成了迷宫的认知地图，并意识到不同的行为可以带来不同的结果。目标导向的行为带来了基于记忆心理表征（认知地图）的适应。古今艺术博物馆取消了展览的逻辑顺序和方向指示，关闭了人们的"自动驾驶仪"。在适应了一阵之后，游客必然会关注自己已经到了什么地方，接下来要去哪里。建筑留下了提示，告诉你现在所处的位置，这样，你可以对它的尺度建立心理地图，但大多数情况下，它的设计目的就是要让你迷路，这样一来，你才会思考自己的出路，给予关注。如果你想进行"天体"游览［美国国立博物馆作家托尼·佩罗蒂提（Tony Perrottet）就做过这样的尝试］，一旦你弄清了该让自己的手和眼睛做些什么事，"你会前所未有地专注于艺术作品本身"。

在尝试影响他人的记忆时，有些人会犯这样的错误：高估目标的重要性，低估现有反射和习惯的作用。假设说，高管克里斯认为，自己组织里的所有人都必须完成新的销售培训计划。在他的设想里，这个计划能帮每一个人都赚到更多的钱，并假设所有人都有着这样的目标。这或许不是一套最令人兴奋的培训，但它毕竟有一定的新颖性，人们还是挺激动的。可惜，过了一个星期，人们又回到惯常的套路上了，就好像培训完全没做过一样。他们真的忘了吗？是的。如果新颖的地方太多，未能融合到原有的反射和习惯里，也没有巩固和即刻回报，遗忘就不可避免。为了避免这种情况，克里斯要么把少量的新颖技术融合到原先仍然有效的做法里，要么就需要消除那些有可能触发原有习惯的线索（比如，能推动人们采用过往销售方法的老 PowerPoint 文件）。

古今艺术博物馆在策展方式中将人们的反射、习惯和目标纳入考量，这些心血得到了回报。看看它与竞争对手们各自的表现吧：在纽约大都会艺术博物馆，参观者平均凝视一幅画作 32.5 秒。卢浮宫的《蒙娜丽莎》，能吸引参观者的注意力大约 15 秒。有人研究了全美 100 家博物馆的展览，发现游客的停留时间平均为 20 分钟。可在古今艺术博物馆，人们的平均停留时间长 6 倍多。很多人游览 5 个小时，30%的参观者第二天还会再来参观。除开藏品的争议性，外加它“颠覆式迪士尼乐园”的绰号，博物馆接连不断地获得各种建筑、旅游、设计和技术创新奖项。

托尼·佩罗蒂提注意到，博物馆最引人注目的影响固然是经济方面的（自成立以来，它已为脆弱的塔斯马尼亚经济带来了2亿多美元），但更强烈的影响还在心理上。塔斯马尼亚人一度认为，最重要的事情总是发生在世界其他地方，可现在，他们对自己的形象有了更清晰的认识，也知道自己得到了更广泛的认可。《制造 MONA》（*The Making of MONA*）一书的作者阿德里安·富兰克林（Adrian Franklin）指出，博物馆帮助塔斯马尼亚从荒芜走向了成熟。《孤独星球》（*Lonely Planet*）也认为，它让塔斯马尼亚"从沉睡中醒来"。我们能够让任何业务内容从沉睡中醒来，而且我们不需要几百万美元。我们只需要理解记忆怎样形成，不同的变量对记忆有着怎样的影响，怎样促使人采取行动，就可以了。

我们连自己的记忆都照管不好，也有可能去影响别人的记忆吗？这是可能的，因为我们现在掌握了更多可以应用的大脑科学研究，我们也自然而然地投入更多努力去给人留下印象。比如，商业人士工作时并不会想着，"今天我要花30分钟来提高记忆。"但他们会想，"今天我要花30分钟来盘算怎么成功赢得客户X。"这种想法无形地说明了怎样影响他人的记忆，因为人是根据自己的记忆做出选择的。比起改善自己的记忆来，我们更乐意花心思影响他人记忆，这种行为倾向为我们带来了指望。

此外，孤立地研究个别记忆是不切实际的；提高我们自己的记忆很好，但它不足以保证我们的生活得到明显改善。人们是在复杂系统里成长的。就算我们采用自传式的记忆、回顾单次经历，它们也大多是与别人互动带来的结果。行为和成功受社会记忆的塑造。影响他人记忆不光可行，也是人类进步的关键。如果我们分享精彩的设想，其他人记住了并就此展开行动，我们也随之进步。如果我们空有精彩设想，其他人却忘了个精光，我们就会停滞不前。

有哪些变量能影响他人记忆，又该怎么使用它们呢？让我们先来看看数学和一篇经典的戏仿作品。

查尔斯·道奇森（Charles Dodgson）是牛津大学一位思想保守的数学家，他不喜欢 19 世纪数学的发展方向。当时代数上出现了一种新的抽象方法，你可以用字母来表示数字。此外还出现了开负数平方根的解法。射影几何的新概念出现了，你可以把一种形状弯曲成另一种形状，同时保留相同的性质（如圆可以变成椭圆或抛物线）。

在道奇森眼里，这真是太过分了。他相信传统代数和欧式几何，A×B 竟然不等于 B×A，这样的新命题令他难以接受。但他找到了一条理想的渠道来宣泄无奈。他以刘易斯·卡罗尔（Lewis Carroll）为笔名，写出了《爱丽丝梦游仙境》。这是一部一直以来都大受欢迎的作品（按有些人的算法，只有《圣经》和莎士比亚超过了它），人们说它是语言和政治上的讽刺文学，是对儿童文学的戏仿，是对潜意识世界的弗洛伊德式解析。然而，新的学术研究揭示了书里隐藏的数学内容，彰显了道奇森对欧式几何（2 000 多年来欧式几何都在为世界效劳）的热爱之心。而在这些发现里，有一点跟如何影响他人记忆极为相关。

牛津学者梅拉妮·贝利（Melanie Bayley）在博士论文里论述了道奇森小说里隐含的数学寓意，指出这本书是对全新数学逻辑的反抗。举例来说，道奇森让柴郡猫消失，只留下笑容，其意在指出数学领域里抽象概念增加的趋势。他提出种种无法解答的问题，如“为什么一只乌鸦像是写字台？”戏仿了因果不再相关的事实。他把婴儿变成一头猪，嘲笑了射影几何。

在某种程度上，道奇森对数学界新现实的反应，跟我们有时对待当前现实的态度没什么不同。我们生活在一个复杂而充满变化的时代，而这些变化里有一些东西，我们无法理解，或是没有做好接受的准备。道奇森为应对复杂变化时代提供了一套聪明的应对技术(尽管不乏苦涩滋味)：关注比例，而非精度。

贯穿《爱丽丝梦游仙境》全书，爱丽丝从传统的算术逻辑世界，进入了一个自己个头时大时小（大到 9 英尺，小到 3 英寸）的世界。在第一章，毛毛虫坐在蘑菇上，抽着水烟，爱丽丝努力想恢复正常体型，结果却越缩越小，直到下巴挨着了脚。毛毛虫告诉爱丽丝，吃蘑菇可以让她变大变小，主要看她吃的是蘑菇的哪一侧。爱丽丝咬着蘑菇的不同侧面，结果有些身体部位变得更小了，有些却变得更大了。“保持秉性”（Keep your temper），毛毛虫向爱丽丝建议。

学者梅拉妮·贝利指出，这其实不是要爱丽丝保持镇定。在当时，“保持秉性”有不同的含义。知识分子认为它指的是“混合了质量的比例”。所以，毛毛虫其实是在建议，保持比例，不管大小。

透过比例而非精度影响他人记忆。

比例的概念，把本书里介绍的所有实用技术串联了起来，因为让一件事变得难以忘怀，不是单一的因素在起作用。它是将各种元素以恰当比例组合起来。如果你在咖啡里加上一勺糖，味道会更好。可要是加上三大勺糖，味道就太吓人了。记忆也是一样。比方说，惊讶令人难忘，但太多的惊讶也会叫人不安。观众或许记得一个惊讶片段，但并不记得是什么原因，也不记得预期的情绪。

我们能够组合起来影响记忆的元素是哪些呢？如果要回答对不同变量采用什么比例才恰当，我们必须首先在“记忆是什么”这一点上达成一致意见，因为，对不同的人来说，记忆的含义是不同的。

记忆是你想起上一回度假时脑海里浮现出的画面；记忆是哪怕你很长时间没游泳、仍然能够下泳池游起来的能力；记忆是想起讨厌食物时的反胃感；记忆是不假思索地走同一条路去杂货店；记忆是知道蒙娜丽莎没有眉毛的常识。针对这些不同的记忆类型，我们拥有多个记忆系统，研究记忆的正规方法之一，是考察我们对信息进行编码、存储和检索的方式。我们也可以根据它的持续时间（短期与长期)、是否可说明（也即你能否将之变成文字）或涉及什么流程（如习惯或技能）来研究记忆。

不管是哪种类型，所有的记忆都由神经元之间的关联构成，这样一来，一个神经元启动，其他神经元也随之启动，从而创建出模式。记忆研究显示，有多种因素都会影响记忆。如果我们想要影响他人记忆的内容，有些因素我们可以加以控制，另一些则不然。总的来说，我确认了 15 种可以用来影响他人记忆的变量：背景、线索、独特性、情绪、事实、熟悉度（它是跟反射与习惯整合在一起的)、动机、新颖性、信息的数量、相关性、重复次数、自我生成内容、感官强度、社会因素和意料之外。受众倾听你的信息之前睡了多长时间，此前此后消费了多少其他内容，其他内容跟你的内容有多少相似之处，内容曝光之后激活具体记忆需要多长时间，受众的压力有多大，他们处在什么心情之下，他们是否服用了影响记忆的药物，等等，这些是无法控制的。不过，我们可以把焦点放在以恰当比例运用可控变量上。

我们不必费心记住所有这 15 个变量；本书的各个章节会分别选取少数几种变量进行搭配组合，再一一演示它们。寥寥几种变量搭配起来，足以带来不同的记忆。想想 slideshare. net 上的热门幻灯片吧。因为人们会按自己的记忆采取行动，我们能判断哪些幻灯片影响了他人的记忆。优秀的幻灯片长久地停驻在人们的头脑里，让人做出行动：分享、点赞、下载、评论，或将之嵌入其他网站。我分析了 2015 年 SlideShares 上最受人欢迎的一组幻灯片。排名前 50 的幻灯片平均包含了 9 个记忆变量，其中 39.7%的页面可归到“密集”类里，也即包含了至少 7 个我们可以控制的记忆指标。密集页面占 40%～60%的幻灯片，跟密集页面占 80%～100%的幻灯片，能带来大致相同的结果（也就是说，分享、点赞、下载、评论、嵌入次数差不多）。这意味着，在制作沟通素材的时候，我们不必辛辛苦苦地频繁应用每一种变量。少许几种变量就足以促成行动。

记忆需要助攻。

大卫·沃尔什可以在世界的任何地方修建古今艺术博物馆，比方说，他本可以选择纽约。但他解释说，“如果在纽约，我们也许可以吸引更多的访客，但冲击力就小了很多。文化上的冷淡态度，会把它淹没的。纽约有太多事在发生，没人会注意到这是个有趣的地方。就像你先吃了果冻，再吃巧克力豆，后者带来的满足感就没那么强烈了一样。”

在创作内容的时候，我们常从本就有着丰富内容的地方开始。为避免一口气加入太多刺激元素，你要先架设一套框架，再在该框架之内判断元素的独特度（后面的章节将对此做更详细的介绍）。有了框架之后（比方说一组 PowerPoint 幻灯片），有些元素，相较于

“邻居”显得很独特，科学家称之为“显著”（salience）。“显著”邻居少的项目，比“显著”邻居多的项目更独特。这种观点对“序列的一头一尾永远比中间段更难忘”的传统信念提出了挑战。序列的一头一尾更突出，有可能是因为它们的特权位置：它们的一侧没有邻居。然而，如果先确立了框架，再判断该用什么样的相邻项目来包围你想要强调的项目，凸显沟通（如演讲、博客、电子邮件、营销活动、培训项目等）的中间段内容也不是什么难事。

要令人难忘，
你必须学会“搭配”。

休·海夫纳（Hugh Hefner）擅长利用显著概念。《花花公子》曾有一段时期刊登过约翰·厄普代克（John Updike）、阿瑟·米勒（Arthur Miller）、约翰·欧文（John Irving）、伊恩·弗莱明（Ian Fleming）和雷·布莱伯利（Ray Bradbury）等著名小说家的作品。20 世纪 60 年代和 70 年代，《花花公子》对大胆的知识分子读者颇有吸引力，他们喜欢有深度的文章。在当时的《花花公子》上，读到一篇海明威的儿子帕特里克描写父亲的文章，或者歌德某首诗的首次英语译文，不算什么稀罕事。近年来，该杂志还刊登新闻调查和高质量的虚构作品。据说，海夫纳说过，要是没有《花花公子》，“我会是位文学杂志出版商”。这些文章包围着有意充当“显著点”

的美女图片，为之担任高质量助攻，也为那句著名的断言——“我读它（《花花公子》）是为了看上面的文章”——平添几分道理。

将性元素置入框架，充当显著点，这对大卫·沃尔什和休·海夫纳来说是轻而易举的。可若是创造企业或创作内容，这就不容易了。但这里，发挥作用的不在于刺激的类型，而在于刺激与框架内其他元素之间的关系。换句话说，你要以恰当的比例吃神奇的蘑菇。在你研究要向他人分享的内容时，你要着眼于不同刺激（文字、图片、视频等）的使用比例。归根结底，你沟通所用的每个元素都有着被人记住的潜力。哪怕是一张复杂的图表，如果它出现在一连串的纯文字元素之后，也能让人记得住，因为它成了打破模式的意外之喜。

判断显著点，加以重复

在影响记忆的变量不精确的时候，你该怎样确定比例呢？毕竟，很少有什么东西是“完全”意外或者“完全”新颖的。意外的东西也可以被视为新颖。当代用来分析记忆影响因素的一种方法来自模糊逻辑，这种逻辑里就包含了不精确变量。模糊逻辑是数学的一个领域，以近似推理（非准确推理）为重点。相较于传统逻辑（变量非真即伪、非 0 即 1），模糊逻辑里的变量可以是一个介乎于 0～1 之间的真值。这就提供了一种方法，可根据模糊、不精确、嘈杂或缺失输入信息得出结论。

在使用本书的指导原则时，根据背景条件，一种刺激（文字、图片、视频）既可以是分值为 0.8 的“意外”，也可以是分值为 0.6 的“情绪”。在另一些背景条件下，这些分值可能更高，也可能更低。我们不必为自己的内容指定具体数字，并没有哪种刺激影响记忆的效果更好。只要我们接受了这样的方法，我们会发现，模糊法更贴近现实，因此也更容易把推荐变量嵌入沟通当中。生活中很少有什么东西完全意外、完全相关、完全新颖，足够评为 1 分。重要的不在于它们的精度，而在于它们以恰当的比例组合起来。它是要“保持秉性”，运用适合的变量，将之分配在沟通序列里，让显著项目周围没有太多显著的邻居。

懂得怎样调整不精确、非常规刺激的比例，你将收获奖励，停驻在他人头脑里，驱使其采取行动。本书就是要告诉你怎么去做。用个比喻的说法就是，你将学会怎样搭配欧几里得逻辑和柴郡猫，好让别人记住你，采取对你有利的行动。

至于穿什么样的衣服，随你便。

要点

- 人们根据自己记住的而不是遗忘的东西采取行动。
- 最重要的是接下来会发生什么。人们需要记忆来预测下一步的行动。
- 记忆指导人采取有望收获最大奖励的行动。
- 为停驻在人的头脑里，要把自己插入他们的反射、习惯、目标里。
- 要从比例而非精度的角度来思考记忆。

第二章　影响记忆和决策的三个步骤

2014 年 6 月，超级跑者基里安·霍尔内特（Kilian Jornet Burgada）用 11 小时 48 分钟跑完了（上山并下山）北美洲最高峰，海拔 6 194 米的麦金利山。普通的登山客平均要花两个星期才能完成这样一趟登山之旅。《户外》杂志就这一骄人成绩对基里安做了采访，他的语气谦虚而克制。他说，上山路上，他穿着滑雪板爬陡坡，只有技术性更强的山体，他才使用冰爪。他在峰顶待了 10 分钟，就再次套上滑雪板，往山下冲去。虽然基里安说得似乎很轻松，但也提到了极端天气和冰雪状况，有时候，他甚至根本看不见，要靠着感觉滑雪。

基里安用同样克制的口吻继续说，他仅靠 1 升水和一根能量棒完成了这趟 12 小时的行程。他本来还带了一根能量棒，但没吃。回到大本营，他记得自己睡了一整天，吃了些干粮和巧克力棒，之后回到了海拔 14 000 英尺（约 4 267 米）的地方跟自己的团队庆祝这一纪录：他有三个同为登山高手的朋友，正在那里等着恭喜他。他精神焕发地说起自己在超耐力运动最新潮流中冲到了浪尖上：这就是所谓的 FKT，突破最短时间，创造最快速度，没有规则，没有时间表——你只需要选好自己的窗口期，然后出发。他为自己创造了一些 FKT 纪录感到自豪：他行动速度快，他背负重量轻。基里安认为，这股新趋势的目的，不是为了赢，而是为了进步。他情绪激动地说起离开麦金利山之前，自己和团队进行的巅峰冒险活动：他们在子夜的太阳*下，滑雪冲下近 45 度的“东方快车”斜坡。记者问到他未来的登山计划，基里安预计自己将用 55 个小时拿下珠穆朗玛峰（一来一回）。大多数人需要 5 个星期的时间来适应。他希望用一个周末来完成这一壮举。

如果在基里安讲述这个故事的时候，我们把他放进一台 MRI（磁共振成像）仪，一定会为眼前所见感到惊讶：大部分参与追忆过去的大脑区域，同样参与了对未来的规划。理解这种重合，将影响你的沟通方式。

基里安在回想自己过去登山探险、预想将来登山探险时，他是

---

* 这是南北极地区夏季能见到的一种现象，麦金利山位于阿拉斯加，属于北极圈。——译者注（以下带星号的脚注均为译者注。）

从同类信息中取材。比方说，当他构建过去的场景（如麦金利山之旅），他把这些元素组合成一段连贯的叙述：鲜明的视觉图像（滑雪板、雪、子夜的太阳、穿越陡坡、穿上冰爪）、环境信息（麦金利山、“东方快车”斜坡）、事实（有关他三个朋友、他所在位置的细节）、概念性信息（“它不是为了赢，而是为了进步”）、个人意义（他来到了一股最新发展潮流的浪尖上）、情绪（当他见到了朋友们，一起在一个超现实的地方滑雪，他感到昂扬）。MRI 仪会告诉我们，这些过程激活模块化皮层区（也即视觉、运动、感官、规划皮层），而在他描述未来的珠峰之旅时，这些皮层同样是关键的神经网络。

我们知道，思考过去和思考未来不光在 MRI 研究里是相关的，在另一些研究里也是挂钩的。一些患者负责关联过去经历的大脑区域受到损坏，有人对此做了研究。很多难以回忆过去的健忘症患者，在构思未来时也有困难。

当然，回忆过去（回溯式记忆）和“回忆”未来（前瞻式记忆）之间，也存在一些神经差异。最明显的差异在于，两套系统有着不同的时间方向。过去的记忆更生动、更详细。而在进行前瞻式思考时，我们可能会以新的方式组合从前的信息片段。但基本上，过去和未来的记忆都是从相同的神经资源里调出来的。

这一点很重要，因为它让我们重新思考记忆的方式，尤其是当我们想要影响他人记忆、使之无法忘怀的时候。如果记忆经过演化发展，变得可以记录未来而非过去，那会怎么样呢？毕竟，只能回忆过去带给人的进化优势并不大。如果基里安只能回忆从前的登山冒险，这对他没什么好处。回忆过去的优势来自运用它来预先体验未来，预测接下来发生的情况，并为之做好准备。

如果回忆过去能帮助我们洞察未来的结果，那它就很有用了。

一种现代记忆方法：前瞻模式

上个星期，你碰到的 3 个最重要的记忆问题是什么？科学家在深入考察记忆时，常常这样询问受试者。一系列的调查研究发现，我们的记忆问题有 60%～80%都跟忘记执行某个未来打算相关。昨天，你可能打算给别人打电话，发送一封电子邮件，或顺便到商店买牛奶，可你直到今天才想起这些事。一些未完成的打算能持续更长时间。过去的 5 年里，你曾暗暗许诺要在下一次假期里读多少本书？我们有着良好的愿望，但却忘了执行，又或者，就算我们还记得这些愿望，其奖励也不足以驱使我们采取行动。我们的受众也没有什么不同。他们倾听我们，他们或许认同我们说的话有帮助。等他们离开，他们大概还记得我们说的一些事，但却没有为此采取行动。改变我们看待记忆的方法，能够解决这类问题。

不要再把记忆仅仅看成是对过去东西的回忆，而要从未来的角度看待记忆。这种改变之所以有益，出于三个原因。首先，我们受众的大脑处在快进模式；他们在听我们说话的时候，默认设置是在预测未来。大脑演进成了一台预测引擎，因为只有当人能准确预测接下来要发生些什么，生存下来的概率才最大。我们可以从许多活动中看到人们喜欢预测未来的证据：把别人没说完的话说完；咬第一口食物前先咽口水；别人还没动手挠我们，我们就先笑了起来。

其次，我们不断观察未来，为现在的行动提取价值。耶鲁大学心理学家乔治·纽曼（George Newman）和 T. 安德鲁·波尔曼（T. Andrew Poehlman）研究了人类大脑考察未来、为当前识别价值的倾向。他们从 YouTube 上抽样选取了 240 段视频，视频内容是少年天才和成年人表演同一首歌。两相对比，孩子的表演吸引了多 10 倍的观看次数。有人解释说，孩子表演视频观看次数多，是因为孩子的年龄小，却娴熟地掌握了演唱技能，这新颖有趣，令人赞赏。有人认为这是因为少年人的天赋是一种神圣的资源。两位心理学家认为，这与“概念消费”主题研究所得的结果一致，我们消费的不光是产品本身，或者眼前的体验，我们还消费了对它未来的设想。就神童而言，人们可能会好奇地想，“他们现在就这么棒，将来会取得什么样的成就啊。”这些有关未来成就的预测画面激发了积极情绪，从而转化成了当前的价值感。

再次，沟通者现在和受众分享内容，是希望他们以后据此行动。试想一下，我们在 A 点分享内容，我们希望人们记住它，并在未来的某个时刻，也即 B 点，采取行动。这个“未来”，可以是从现在开始的两分钟以后，也可以是两天、两个星期，甚至更久。因此，从务实的角度考虑，我们有必要问：到了 B 点，人们的生活里会发生些什么事？他们打算怎么做？如果我们在 A 点就已经知道具体的情况，我们就能为 B 点做好准备，成为人们记忆和打算的一部分。

让人们根据记住的事情采取行动，始终是从一个打算开始的：一个他们已经做好的打算，或者是一个你希望植入他们头脑的打算。每个人都打算接下来做某件事。这些打算的范围很广，有些是微不足道的，有些是严肃认真的，有些是自动自发的，有些是以目标为导向的。我们打算吃饭，打算发送电子邮件，打算刷新 Facebook，打算创建文档，打算修补软件平台，打算参加会议。记忆领域最具影响力的研究者、“打算”的学术权威之一马克·麦克丹尼尔（Mark McDaniel）博士这样说，“我的橙汁喝完了。我不能指望它神奇地出现在冰箱里。我必须有所打算，去得到橙汁。”哪怕冰箱上能下订单，麦克丹尼尔博士也得记住下订单这个动作。

每个人都打算做某件事情。基里安打算用 55 个小时往返珠峰，他已经开始为自己的 B 点做计划。我们越早确定人的现有打算，越早阐明一个他们能从中受益的新打算，就越能更好地进入他们的记忆。

前瞻式记忆指的是，“记住未来的打算”。对任何企业来说，前瞻式记忆的突出优势在于，它能让我们活下来：如果人们对我们难以忘怀（人们记住了我们说的话，并在未来根据它采取行动），我们就能够持续经营下去。

有时候，我们告诉别人做什么，他们忘记了，但结果也没什么大不了的：“4 点半给我打电话”；“把文件发给我”；“回头再还给我吧”；“把肉拿出来解冻”。如果别人无限期地忘记给我们打电话，无视我们的所有电子邮件，不再安排另一轮会议，最后我们发现他们选择了另一位顾问/卖家/爱人，这类失败的前瞻式记忆就很伤人了。

过去几十年里，我们对前瞻式记忆有了更多严谨的研究成果，这些成果揭示了什么样的技术能提升人们依照记忆采取行动的概率。大部分前瞻式记忆研究是科学家们在实验室里与受试者合作完成的（“看到某种颜色或某个单词，记得按下键盘上的这个按钮”），也有些研究来自跟某个简单目标相关的现实情况（“如果发生了这件事，记得写日记”）。更为严肃的前瞻式记忆研究是在临床环境里完成的，患者要根据未来打算展开行动，比如服药，如约上门拜访医生。

在广告行业，各个品牌也会研究前瞻式记忆，因为如果某家公司花了大笔营销预算，客户在购买时记得广告，但却并不购买该品牌，甚至反而选择购买竞争对手的产品，公司就会受到伤害。从更广泛的商业角度来看，无论我们是在销售、培训、营销、财务还是在 IT 部门工作，我们都可以应用前瞻式记忆的研究成果，提取实用见解，帮助他人依照未来打算采取行动。

研究表明，当人们成功地按照未来打算采取行动，会完成以下三个步骤（有时短短几秒内就能完成）：

（1）**注意**到跟自己打算挂钩的线索。

（2）**搜索**自己的记忆，寻找与这些线索和打算相关的东西。

（3）如果事情的奖励足够大……那就**执行**。

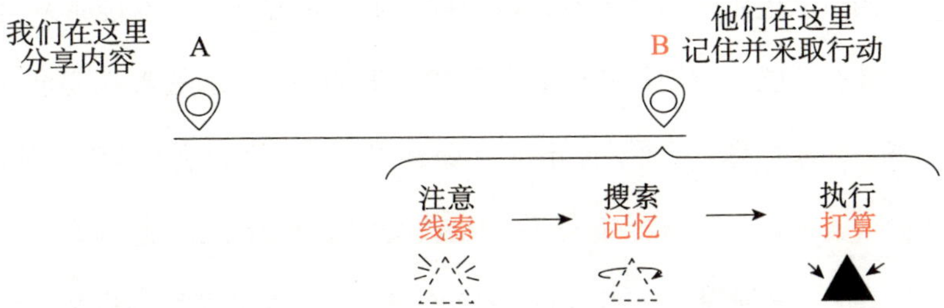

比方说，你要办一场晚宴聚会，想在下班路上买些红酒。早上，你对自己说：“今晚我回家经过商店的时候，必须停下来买酒。”我们的打算是买酒，奖励是客人们会认为你是个好主人。在你回家的路上，你看到了商店（注意线索）；你想，“我应该做什么来着？哦，对了，买酒”（搜索记忆），于是你走进商店（执行打算）。

现在思考你自己的内容，想象你要帮助受众完成上述过程。考虑到 A 点的前瞻式记忆模型，你可以用恰当的线索启发受众，帮助他们把重要信息保存在长期记忆里，让他们到了 B 点能更方便地执行打算。目前，商业世界基本上忽视了前瞻式记忆的过程，所以，我们的受众会忘记大部分信息，他们记得的极少部分又不见得总能带来行动。我们可以弥补这个问题。

前瞻式记忆的三个步骤——**注意线索、搜索记忆、执行打算**——有几个共同点。它们都依赖于大脑寻求奖励、避免惩罚的倾向。说起未来的打算，我们想到的是奖励——靠近积极的东西，躲开消极的东西。从进化的角度来看，每一回我们学习并记住什么能带来奖励、什么不能，我们都变得更为适应。任何时候，你在 A 点要求人们基于未来打算有所行动，他们都是在跟你做一笔心照不宣的交易。他们含蓄地说，“只要你能不停地给我奖励，我就陪你一起到 B 点。”在所有的三个阶段——当他们注意到线索，当他们搜索跟线索及打算相关的记忆，当他们决定有所行动——他们始终在寻求奖励。没有奖励，就没有行动。此外，所有这三个元素都是按第一章里介绍的方式运作的：它们可以是反射性的、习惯性的，或以目标为导向的。换句话说，它们要么是自动地去做，要么就是策略性地去做。它们越是自动，发生得越快。认知努力投入得越少，行动的概率就越大。

如何将这些概念应用于商业实践呢？

我记得跟一位高管合作撰写一份销售演讲稿。我们的目标是销售该公司的平台，它能让用户在任何地方（使用平板电脑、智能手机或计算机）生成内容，将它发布到任何地方（包括电视在内的不同媒体），调动受众（也即聊天功能），内容就能变成现金（如添加产品购物车），从而使得制作网站更高效。开始我们想将演讲的题目定为“你的网站能做这个吗？”同时列出上述四种功能。但后来我们想，“演讲之后的日子，潜在客户在自己的工作中（那时候他们做购买新平台的决定的可能性更大）会看到或听到些什么？他们会注意到什么线索？他们的脑海里应该浮现出什么记忆？怎样才能让他们给平台公司打电话？”

这次演讲的听众是来自各公司的首席营销官。我们问，“首席营销官看重的是什么？”一番调查之后，我们发现首席营销官认为有三件事对企业网站很重要：内容、社区和商业。因此，我们重新组织了演讲的结构，反映这三个项目（而非原先的四个）。这三个词本来就在听众的脑海里，后来又可充当线索激发有关这一演讲的记忆。为了方便受众做出购买决策，演讲着重强调首席营销官每一次应用新系统时都关心的问题：它跟现有系统相契合吗？首席营销官认为平滑整合是奖励。演讲提供了充分的例子，说明这一平台在发布、系统、工具上一点都不挑食，便于使用，还能针对企业专门定制。大部分证据来自案例研究和第三方推荐。

此次演讲带来的最大收获是：为了设计令人难忘的内容，不光要有漂亮的图表和组织得当的信息。要变得让人无法忘记，我们必须学会创建线索，把重要的记忆带入受众的脑海，帮助听众在将来的某个时间点执行打算。以下我们逐一介绍上述三个步骤。它能推动你改变想法，真正认识到什么才是令人难忘的内容，怎样创作这样的内容影响决策。

1. 线索怎样帮助记忆

线索充当的是必须在某个时间点或某个活动中完成某事的信号。例如，老板向员工发送提醒，要后者“下午 1 点叫我”（基于时间的线索），或是“到了办公室叫我”（基于事件的线索）。线索的有效性取决于它们与预期打算的相关性是否强烈，是否能够突出地将注意力引导到记忆时间点。

例如，本着可持续发展的环保精神，电视、广播或社交媒体都劝我们自带购物袋去商店。这是“A 点”的消息，因为我们看到公益宣传时正坐在沙发上、电脑前，而发起组织希望我们根据一项未来打算在 B 点采取行动，它将在完全不同的环境、不同的时间付诸实现。我们很多人已经把多余的袋子放进了车里。但你是不是经常发现，等进了商店，你会一拍脑袋懊恼地想，“真该死。我把袋子忘在车上了。”最近有些商店开始在停车场上设立巨型告示牌，上面写着：“带上你的购物袋”。这是一种提醒我们到时候该怎么做的好线索。这就是 B 点的消息。这些告示牌把我们 A 点从电视、社交媒体上看到的东西，跟带着购物袋进商店的行为联系了起来。这种早期启动，让我们更方便地注意到记忆点的线索。毕竟，即使停车场竖起了告示牌，它们也得跟同一位置竖起的其他告示牌展开竞争，人们下车时说不定在打电话、跟同伴说话，处在分心状态。

要让线索发挥作用，它们必须足够鲜明，跟人们的行为打算绑定在一起。在商业环境中，考虑到内容的创建和推送，两个条件总会缺失一个。有时候，我们的受众在 B 点注意到了线索，但并不打算采取行动；又或者，他们打算行动，但线索却又没有强烈到足以让他们注意到，他们彻底忘记了 A 点的信息。举例来说，参加培训之后，人们重返工作岗位，却未能把刚学到的新信息应用起来，因为岗位上的线索不够鲜明，不足以提醒人们使用新技能，又或者，线索不够强烈，没有跟奖励绑定在一起。所以我们必须在 A 点不断地询问，他们在 B 点可能看到什么东西足够鲜明、相关性足够强，能触发记忆和行动？

线索有多难忘，你就有多难忘。

人们总是打算接下来做一些事情的。他们更容易注意到跟自己打算而非你的打算挂钩的线索。把合适的线索跟合适的打算联系起来，是影响他人记忆和行动的第一个切入点。第四章会介绍怎样建立合适线索的其他要点。

2. 搜索记忆：桥接线索和行动

如果我们最初向人们呈现信息的时候，线索和打算充分关联，又如果到了重要的时候线索得到了足够的关注，那么，前瞻式记忆过程就毫不费力。哪怕人们正忙着做别的事，也会针对你视为重要的事情采取行动。在停车场，我们看到告示牌上写的“带上你的购物袋”，该线索可以跟“购物袋＝可持续性”或者“购物袋＝节约”这类的存储记忆联系起来。如果我们认为这一记忆与自己相关、带有奖励，那么，哪怕我们已经从车里走出来了，也很可能愿意折返回去拿购物袋。

将合适的线索恰当接入现有记忆。

现在的问题是，记忆是怎样形成、存储，并在正确的时间得以提取的呢？这个问题必须得到解答，因为哪怕是在 B 点的前瞻式记忆过程中，回溯式记忆也在发挥重要作用。我们仍然需要过去的信息，才能在将来加以执行。

我们的大脑通过感官体验刺激。海马体和部分额叶皮层一起判断刺激是否值得编码。如果值得，大脑就会通过一个叫“长时程增强”的过程，花上几天、几个星期，甚至数年时间来存储并巩固记忆痕迹。

当外部线索，比如停车场的“带上你的购物袋”告示牌提示我们回忆某事时，我们就会检索记忆；也可能，我们通过自由回忆，自愿地检索记忆。线索回忆比自由回忆更容易。线索让我们识别出了从前见过的刺激，这缩小了我们在记忆库里搜索的范围。而自由回忆时，搜索范围更大，需要更多的努力。这就是为什么我们在考试时喜欢选择题，而不是自由发挥写文章。而且，线索和记忆之间的关联越强，检索出结果的概率自然就越大。

我最近帮助一名创业公司的高管举办为期一天的研讨班，主题是招聘天才员工的最佳实践。最初，他想把研讨会分为吸引应聘者、拟定职位描述、面试、筛选和拍板等环节。我们使用前瞻式记忆方法，问道：“培训结束后，到了B点，参与者应该应用在研讨班上所学知识的时候，他们会看到些什么、用到些什么?”他提到了一种在线工具，能带着招聘人员逐步完成招聘程序。因此，我们模仿该工具的结构，设计了演讲内容。因为该高管可以控制这套工具，我们又将培训归纳为4个主要部分，易于浏览。我们调整了培训里每个环节的走向和标签，以求配合新的工具。工具会在B点向招聘人员提供强有力的线索，所以，我们在A点就将它们编码，提高人们检索恰当记忆、依照其采取行动的可能性。

你还要问：线索是否足够多，能提醒他们想到你认为重要的东西，还是说，他们必须在没有任何外部帮助的条件下自己回忆起某事？这里的答案无关对错，但在A点弄清楚这一点，能提高你在B点得到满意结果的概率。

有时，人们更喜欢选择该记住什么，有时，他们乐于听到提醒去做什么（也就是得到线索）。比方说，在工作中，我们期待由经理或主管告诉我们做什么，所以我们常常把自己的记忆之责交托给他们。如果我们想要影响他人的记忆，必须想一想：他们是自己控制记忆过程，还是期望其他人提醒他们行动。例如，在前瞻式记忆研究中，年纪较大的人在自然环境下表现得比青少年要好，因为他们自然而然地对任务承担起了控制之责。然而，到了实验室环境下，年纪较大的人期待实验人员告诉自己要做什么，他们的前瞻式记忆就变差了。

当我们控制一项任务时，如果任务与我们相关，我们就会把更多的刺激编码，从而形成更多的记忆痕迹，将来有更大的可能记得住。基里安几个月之后回顾麦金利山经历的时候，他很容易检索过去的记忆，无需任何线索，因为他自己到过那里。他编码了鲜明的画面（在子夜的太阳下滑雪）、具体的行动（滑下一个45度的斜坡）和意义（“不是为了赢，而是为了进步”）。这些技术对我们自己的记忆有帮助，但怎样去影响其他人的长期记忆呢？

如果我们不能依靠外部线索重新激活人们脑海里的记忆，那么，我们就必须使用其他技术来确保他们长期存储信息，并在 B 点靠自己检索出这些信息。这些其他的技术包括了第一章里所提到的各种变量：背景、线索、独特性、情绪、事实、熟悉度、动机、新颖性、信息的数量、相关性、重复次数、自我生成内容、感官强度、社会因素和意料之外。有关每一变量的详细情况，我们将在稍后的章节讨论。在沟通的时候，我们不需要一次性应用所有变量，只要将若干种（根据我的研究，9 种即可）组合起来就足以影响他人的长期记忆了。为什么有必要费这么大功夫呢？因为记忆为执行提供动力，这是前瞻式记忆过程的第三步。

记忆之所以重要，
是因为它影响行动。

3. 执行打算

有可能，人们记住了我们所说的东西，却仍然忘了采取行动。很多企业都利用了人类的这种倾向。我敢肯定，你肯定知道有人做过这样的事：

- 买了产品准备退税，却从来没申请过退税；
- 对不再需要的服务自动续了期；
- 准备“有一天”换用更便宜的医疗保险，或者重新调整眼下服务费过高的投资组合。

我们大多数人说起自己对过去事情的记忆力，态度都很谦虚；可对将来要做什么事的记忆力，却过分高估。哈佛大学教授基思·埃里克森（Keith Ericson）最近针对这种过度自信的态度完成了一系列研究。在一项实验中，他让参与者二选一：是 6 个月后主动提出申请，拿一笔数额较大的款项，还是 6 个月后自动支付一笔小额款项（无须主动申请）。参与者可以使用记忆辅助工具，研究人员还向他们清楚地说明了去找谁申请付款。在选择数额较大的款项组里，76%的参与者都估计自己到时候肯定记得住主动申请，但最终只有 53%的人真的主动提出了申请。就算我们以为可以依靠记忆辅助工具，人们也往往并未充分加以利用。

许多领域都看得到忘记将来要做什么事的例子。以下是来自 TripAdvisor 的一个帖子，评价了纽约的一家酒店：

> 住了 6 个晚上。有 4 天都是我主动去索要的毛巾。有 3 天还索要了肥皂。楼下餐厅的寿司吧很棒。餐厅的食物非常好。送到房间的自助早餐也很好，可就是很多个早晨都找不到餐巾和刀叉。能看到纽约市的美景。有准时的公交班车可前往纽约市，是个工业区，但很安全。负责清洁服务的部门需要在每个房间贴一张清单，保证每天摆放毛巾、镜子和肥皂、洗发水等。我们在不同的楼层住了三间房，每天都在频繁地索要这些东西。

带上即时贴，提醒清洁服务人员。

你可以感觉到发帖人诚实而又沮丧，因为他反复地提到失灵的前瞻式记忆。我相信酒店的清洁部门想要做好。可未来要想留在行业内继续竞争，就要弥合“想做好”和“真正做好”之间的差距。

研究影响行为的因素，理想方式是认识记忆及其两个近亲——情绪和动机——之间的关系。这三个过程，计算着刺激的奖惩特征。一些科学家认为，记忆、情绪和动机组合，是大脑设计的基础。我们用感官处理身边的刺激，在这个过程中，我们识别可用于达成某一特定结果的物体的价值。我们评估哪一种刺激与哪一种奖励相关，或者我们形成一种新的关联，接着选择合适的行为。刺激并不导致行动。刺激包含了价值代码，后者激活情绪状态，这些状态再导致行动。

让我们来看看科学家们达成共识的以下定义：

- 情绪是奖励和惩罚引发的状态；
- 动机是我们愿意付出努力以获得奖励、避免惩罚时所处的状态；
- 记忆是实现恰当行为选择以获得奖励、避免惩罚的过程。

记住奖惩，是我们得以有效应对复杂而多变情况的关键。科学家埃德蒙·罗尔斯（Edmund Rolls）指出，“我们将自己的行为指向那些有用的刺激，躲开那些没用的刺激。”举例来说，我们会动力十足地工作，去获得感情、赞美、身体接触或金钱等奖励。我们获得这些奖励，感受到了幸福。我们也愿意努力避免消极情绪，比如老板因为绩效欠佳而感到失望。我们期待奖励却又未能得到奖励时，也会感受到情绪，比如说，干活的是我们，却有人抢走了功劳，我们会感到沮丧。如果惩罚性刺激停止，我们会感到欣慰，比如电话打断了重要对话，却有人迅速把电话接了起来。

记忆、情绪和动机受奖惩刺激的影响。

现在，请回顾一下你自己的沟通努力：你是否清楚你的内容怎样使他人朝着奖励（如成就、友好关系、效率、兴奋的发现、卓越地位，或摆脱焦虑）行动呢？在你的内容当中，任何涉及此类动机的驱动因素，都可提高行动的概率。以下的例子来自我的大脑科学研讨班，参与者对自己分享的信息做了一些调整。请注意调整前后的区别，前者着眼于主题，后者着眼于奖励。

- “处理非退休分配”VS. “怎样迅速处理分配，避免失误”。新的信息更管用，因为它影射了效率和免于焦虑的奖励。

- “4 步目标设定流程”VS. “依靠目标设定赚更多钱”。新的信息唤起了成就奖励。

- “提供一流护理网络研讨会”VS. “提高患者教育，改善患者预后”。新的信息能发挥作用是因为它强化了奖励：较之进行一场精彩的网络研讨会，改善患者的治疗结果显然更令人满意。

- “挑战者销售概览”VS. “销售：你是不是做错了?”新的消息暗

示了有待发现的奖励和需要避免的消极因素（如使用了错误的流程）。

如果人们可以在若干种备选方案中进行选择，而每一种备选方案又都跟若干不同的奖励挂钩，影响行为就变得更加复杂了。举个例子，假设有四家供应商都建议潜在客户采用不同的新营销平台，你就是这四户商家之一。如果你并不清楚决策者的反射、习惯或目标，你该怎样引导他做出有利于你的决策呢？尽管情况复杂、变量不同，有一个因素始终不变：大脑努力寻找奖励、避免惩罚。人们在执行打算时会考虑以下变量：

- 努力程度。“我愿意为获得奖励做多少工作？”
- 时间延迟。“在获得奖励之前，我愿意等待多久？”
- 风险。“我愿意接受多大的不确定性？”
- 社会层面。“我的行动会导致他人做出怎样的行动？”

在基里安的例子中，四个变量——努力程度、时间延迟、风险和社会层面——得到了很好的平衡。他愿意投入大量努力以达成 55 小时征服珠峰的目标。然而，根据他过去探险的记忆，他意识到，尽管会有一些风险，自己过去的成功预示他将来成功的概率是很高的。此外，他不用等待太久就能看到自己工作带来的奖励，他知道自己完成这一极具雄心的目标会带来许多社会优势。《户外》杂志的采访文章一开始就恭维说“FKT 的记录又提高了”，对他用一个周末的时间无氧上下珠峰的计划非常尊重。

简单说，谈到执行打算，我们的大脑会以社会所期待的方式最小化努力和风险，同时最大化奖励。之后我们将详细介绍这些方面，以及怎样在有其他出路可选的复杂情况下推动人们采取行动。

要点

● 前瞻式记忆，指的是记住未来的打算对任何企业都有着突出的优势，因为它让我们能生存下去：当人们记得我们所说的话，并根据它采取行动，我们才能继续留在业内。

● 当人们成功根据未来打算采取行动的时候，他们完成了以下三个步骤（有时是在短短几秒钟之内）：注意到跟自己打算挂钩的线索；搜索记忆，寻找与线索相关的东西和打算；如果奖励足够，他们就采取行动。

● 线索的有效性取决于它们跟期待打算有多深的关系，它们能否显著地在回忆当时吸引注意力。

● 记忆、情绪和动机受奖惩刺激的影响。

● 人们根据以下与奖励相关的因素来执行打算：努力程度、时间延迟、风险和社会层面。

第三章　怎样控制受众的记忆内容

到目前为止，我们已经指出，从未来的视角处理记忆很实用，原因有三：(1) 大脑不断快进以保持适应；(2) 我们观察未来，为现在的行为提取价值；(3) 我们在 A 点沟通，是渴望他人记住它，并在未来的 B 点采取行动。前瞻式记忆（也就是记住要在未来根据某个打算采取行动）包括注意线索、搜索记忆和执行打算。如果我们在 A 点让受众做好这三步准备，我们就提升了他们在 B 点行动的可能性。

想要影响他人的记忆，我们必须从以下问题入手：我们想要他们记住并采取行动的，到底是什么？提出这个问题，其实也是在含蓄地问另一个问题：我们希望别人记住多少？我们已经认识到，受众记住我们所说或者所做的每一件事，并不是理想的结果。有时我们更希望人们忘记我们做过或者分享过的某件事。百威大概希望人们忘记那款引发了争议的淡啤酒瓶子，瓶身上写着，“完美啤酒，今晚你的词汇库里再也没有‘不’字。”美国青年平价服饰品牌 Urban Outfitters 大概希望我们忘记它家推出过一款印着“少吃”字样的女装 T 恤。亚马逊和西尔斯想要我们忘记，有一段时间，它们的网站竟然挂着象征纳粹的反十字符号。JCPenney 把一款少女 T 恤从门店里下了架，该 T 恤上书，“我漂亮得都不用做功课，有我哥哥帮我做。”JCPenney 向消费者道歉，承认这些文字“未能传达恰当信息”。

有时，我们冒失莽撞，越过了界限，人类的遗忘倾向帮我们维持住了业务，挽留了客户的忠诚度。也有时，我们故意想要遗忘，因为我们希望抛弃过往，迈向新生。想象你为一家全球企业设计了一套沟通技巧培训项目，这些技巧在一个国家管用，在另一个国家却不管用。如果我们不能忘掉不切实际的老做法，就会形成坏习惯。幸运的是，人们会经常忘掉对自己不管用的东西。

抛弃不切实际的过往，
对我们的未来有益。

故意遗忘是有益的。意外遗忘是我们必须要避免的。想继续活力四射地保持运营，关键在于帮助受众记住有价值的信息——同样关键的是，对希望他人记住的信息，我们务必要把好质量关。

受众真正记住了多少内容?

一个多世纪以来，科学家们一直在研究，在接触到新信息后，人们记住了多少内容，又遗忘了多少内容（后者更为重要)。“遗忘曲线”概念推测，如果我们并不努力想要记住信息，那么，就会随着时间的推移忘记它。遗忘曲线在第一阶段之后是指数曲线，也就是说，接触到内容的最初几天里，我们会遗忘掉大部分（一些研究甚至认为高达90%)。就连最初很强烈的记忆，也注定会遭到遗忘。

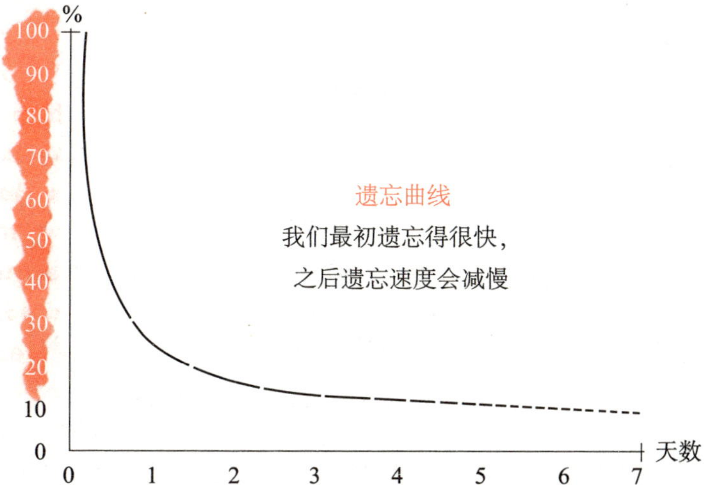

我们保留在脑海里的少部分内容，会随着时间的推移逐渐稳定下来。姑且假设这一部分占10%，因为人们就算有意记住，一般也并不会使用这些内容，所以很难衡量他们到底记住了多少商业内容。

依靠刺激，他们有时保留了 1%，有时保留了 20%，如果涉及更大的利害，可能还会保留更多。

是什么销蚀了现有记忆呢？遗忘通常由三个原因导致：人们最初就对我们讲述的事情没用心——未能编码。即便记忆编了码，人们可能还是会遗忘，因为他们的记忆没有得到巩固。巩固记忆痕迹往往需要几天或者几个星期，有时甚至更久，并受睡眠、压力、焦虑的影响，或是在我们向该具体受众讲述内容之后，他又接触了更多的信息，从而干扰、破坏了记忆的存储。哪怕记忆编了码、存储了起来，人们或许也会因为没碰到恰当的线索，引出脑海里的相关记忆——未能检索。

有一种说法流传甚广：人们对自己读过的内容能记住 10%；听说的内容能记住 20%；看到并听到的内容能记住 50%；看到又写下来的东西能记住 70%；自己做过的事情能记住 90%。但这是个神话，切勿将遗忘曲线与它混为一谈。并没有研究确认了这种方便好用的渐进式统计数据。科学并不支持这一记忆金字塔（“阅读”和“看”有什么不同?)。学习技术大会（Learning Technologies conference）的主席唐纳德·泰勒（Donald Taylor）指出：“喜欢复制粘贴多于反省思考的人”用一系列的彩色金字塔和条状图延续了这一记忆神话，只可惜它并不正确。

而遗忘曲线得到了科学的支持，提醒我们记住的内容会迅速减少，稍后则较缓慢地减少。心理学家和数学家联手创作了一个表达遗忘曲线性质的数学公式。到目前为止，我们知道，遗忘曲线取决于初始记忆痕迹的强度，以及我们随着时间推移保持该记忆的难度。例如，如果我们学习一组没有意义的音节，在学习之后，我们马上能够背诵它们（记忆痕迹强烈），但我们很难长时间保留这些记忆。然而，如果我们跟自己心爱之人进行了一场讨论，几个星期之后，最初记忆的强度减弱了，我们仍然很熟悉对话过程中发生了些什么，哪怕并不能完全回忆起所有的细节（“我模模糊糊地记得，你提到了那位室内设计师和他的巧夺天工”）。

虽然忘记了很多，但留下来的那一小部分（那 10%）有机会成为受众长期记忆的一部分，我们不能把一切交给偶然。我一直向商业专业人士询问这个问题：“你的 10%是什么?”我希望他们能识别出自己想要受众记住的关键信息。这里有一些我还记得的“10%信息”，来自我过去几个月里参加过的商业演讲：

- 我们第四季度不能犯的四个大错；
- 从机器数据生成商业价值；
- 良好的数据指导明智的商业决策；
- 上个星期的大数据就是这样。

善于沟通的人会对内容进行约束，他们拥有强烈的“10%信息”。格雷戈 · 麦吉沃恩（Greg McKeown）在《精要主义》（*Essentialism*）

里指出了一个有趣的事实。每年的奥斯卡颁奖典礼上，最重要的奖项是最佳影片奖，媒体提前好几个星期为之造势宣传。而在颁奖的过程中，我们会在什么时候休息一下，甚至做个三明治吃吃呢？最佳剪辑奖。可有点讽刺的是，最佳影片奖和最佳剪辑奖之间存在相关性。自 1981 年以来，入围最佳影片的所有电影，均被提名了最佳剪辑奖。在所有赢得最佳剪辑奖的电影里，2/3 拿下了最佳影片奖。它提醒我们，知道该从内容里删减些什么，表达最关键的“10%信息”，能带来巨大的回报：变得无法忘怀，促使别人采取对我们有利的行动。

归根结底，问题不在于人们记住得太少，而在于他们是随机记住了很少的内容。假设说你对着 5 个人说话。除非你控制住了最重要的 10%，否则，就是他们在控制。每个人都记住了一段不同的信息。几天后，如果你问这 5 个人对你的谈话记住了些什么，你一定会大吃一惊。2013 年，我做了一项研究，证实了随机记忆的概念。我邀请 1 500 人在线观看 20 张 PowerPoint 演示幻灯片，每张幻灯片只有一条消息。48 小时后，我问他们还记得些什么。平均而言，人们记住了 4 张幻灯片。在我并未操纵该记住哪些幻灯片的条件下，观看了幻灯片的参与者记住的 4 张幻灯片是随机的。于是我有意识地问自己，“我能否控制他们记住的内容呢？”考虑到这一目标，我对某些幻灯片做了具体的调整，参与者记住了我希望他们记住的内容。例如，在某轮操纵浏览中，一些幻灯片的背景颜色跟其余的不同；在又一轮操纵浏览中，参与者看到的是主要基于图片的幻灯片，只有少数基于文字的幻灯片，另一轮操纵浏览与此相反；还有一轮展示中，若干幻灯片包含了饱含着情感的图片，而其余的幻灯片基本上是中性图片。在这几轮浏览过程中，参与者记住的都是偏离了主要模式的内容。总体而言，**操纵特定的幻灯片，并没有帮助人们记住更多的幻灯片，而是让他们记住了特定的幻灯片。**

如果我们不对观众能记住的这极少部分内容加以控制，那会怎么样呢？不管是创作内容的人还是接受该内容的人，都曾说自己参加过无效率的会议，收到过主题散漫的电子邮件（结果不是遭到误解，就是被人忽视），听过平庸乏味的演讲，进行过需要重新建立的沟通。总之，随机记忆耗费时间，误用精力，弄丢生意。

怎样控制人们记住的内容？

人们记得住的内容很少，而且是随机选择记住哪些内容。我们该在 A 点采取怎样的控制，才能让他们到了 B 点还记得我们认为重要的内容，并据此采取行动呢？为解答这个问题，我们要回到第一章介绍过的一个跟模糊逻辑相关的概念上。有时候，我们要应对一些定义模糊但仍能用数学公式分析的事项，这种需求催生出了**模糊逻辑**。

举例来说，假设我们想要判断一个人的状态：是活着还是死了。使用二进制逻辑，我们可以对该人赋值 0 或 1。这集合是一个清晰集合，也就是说，它有着清晰、鲜明的界限。一个人要么完全包含在该集合之内，要么完全排除在该集合之外。现在，假设我们想要为一个人有多富裕赋值，该集合的对象就不那么清晰了。这是因为，“富裕”从哪里开始的分界点很难确定；“富人”集合没有清晰的界限。采用模糊逻辑而非二进制逻辑，一个人可以从属于不同的集合，只是隶属度有所不同。一个在银行里有 100 万美元的人，相较于卢森堡富人集合，大概有 0.2 的隶属程度，但相较于罗马尼亚富人集合，大概有 0.9 的隶属程度。模糊逻辑让应对不确定性变得更容易了，它帮助我们去解决那些不完整或不准确的事项。记忆属于这一类，因为影响它的变量并不能准确地用 0 或 1 来界定，尤其是在商业环境下。

我们从模糊逻辑里借用了对待记忆的科学方法，并按照我们形成的两种类型的记忆，提出了模糊痕迹理论：逐字记忆和要旨记忆。**逐字记忆**是一个字一个字地准确再现我们从过去学习到的内容。回忆欧洲各国的首都，就是逐字记忆的一个例子。这些答案都属于明确集合。相比之下，**要旨记忆**指的是过去发生的某件事的大体含义，它们不那么准确，不那么具体，属于模糊集合。举例来说，你想到上一次住过的酒店，大概记不得确切的房间号，但你大概还记得自己的体验是否良好。

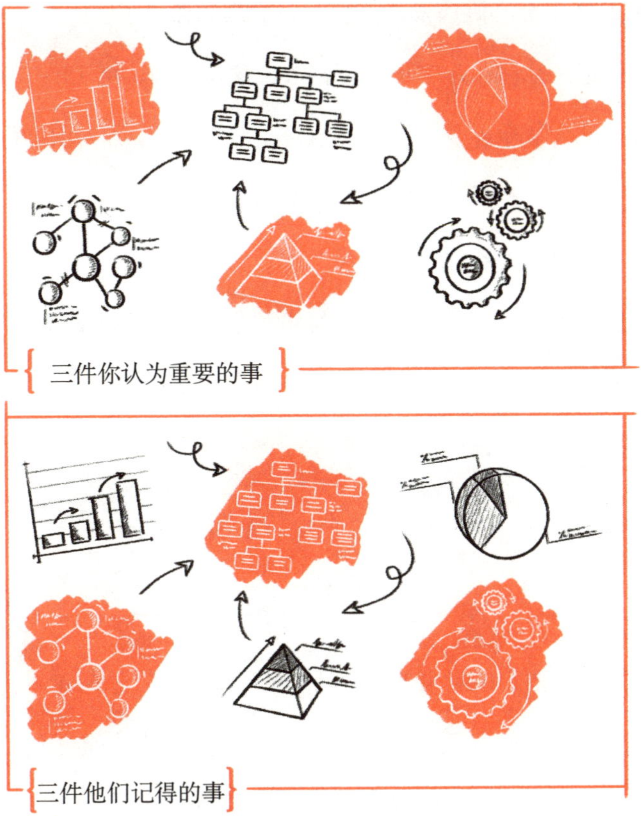

这么随心所欲，你受得了吗？

碰到刺激，要旨回忆会产生一种“熟悉感”。这就是为什么学生有时候会在准确性考试中失手：他们错误地以为“熟悉”就是“一字不差”。“我还以为我知道这个呢”，是他们拿到不及格分数时的典型反应。要旨和含义相关，它是相对的，并不总是直接映射逐字信息。在我们眼里，20%的概率会下雨，这是个很低的概率，可要是有 20%的概率会心脏病发作，那就是很高的概率了。

要旨记忆往往比逐字记忆更持久。这是因为，每 12～18 秒，人的注意力就会从他者身上切入或转移。在这些碎片时间段里，我们参与了一次内部对话，它比刺激的具体细节更宝贵，更有价值。我们的内部对话有着更强烈的化学信号，是一种天然“高潮”。此时，我们构建出了意义，因为化学信号更强烈，它比周围准确的细节更持久。人们不记得我们说了些什么，但他们记得自己以为我们说了些什么，这是要旨记忆更持久的基石。

我们可能不记得自己经历了些什么，
但我们记得自己理解了什么。

一定不要把归纳意义的 12～18 秒内部流程跟思想走神弄混了，后者指的是没有专注于主题。我的朋友詹姆斯来自乌干达，他说：“我参加了一次商务会议，没过几分钟，我就神游天外了。”在本例中，会议主持人没能针对詹姆斯抛出足够强烈的奖励鱼钩，所以，他直接退出了对话，根本不想去理解它。这可能是出于人的脾性（有些人就是比较容易走神），也可能是因为环境（会议参与者或提交的资料很无聊）。

逐字记忆难以长时间保持完整。多少书你在学校只读过一次，现在还依稀记得情节，但却记不得人物的姓名了呢？长期影响别人的逐字记忆，不是完全不可能；我们将在后面的章节看到，逐字记忆要求刺激是人们能够轻松处理的（比如，简单的文字，或条件反射和习惯性行为），而对于需要认知努力的刺激，则必须经过密集地、反复地曝光。

“人们记不得你说的话，但记得你带给他们的感受”，这话并不完全正确。想一想你最近跟伴侣或密友发生的争执，你记得的大概是两者兼而有之：他们所说的话，他们带给你的感受。有些话或许至今仍在你脑海里回荡。在本章早前提到的 PowerPoint 记忆研究中，86%的参与者准确地记下了 20 张幻灯片里的某些文字。其余的人用来自幻灯片里的文字，再加上自己的话，描述自己记得的 4 张幻灯片里的内容，而且描述颇为准确。

请把逐字记忆和要旨记忆放在心头，在 A 点时，它是判断两者哪一个更重要、比例怎样才合适的关键。对最重要的 10%信息，你更喜欢逐字记忆还是要旨记忆，还是两者的组合？答案可能视你所属的行业而定。比如，在医疗领域，不能逐字记忆，说不定会带来性命危险。想想以下药品名称：Advair（沙美特罗，治疗哮喘）和 Advicor（烟酸缓释和洛伐他汀，降低胆固醇）；Bidex（祛痰剂）和 Videx（惠妥滋，治疗 HIV 感染）；Cidex（消毒防腐药）和 Cedax（先力腾，抗感染药物）；Dioval（雌激素，帮助缓解更年期症状）和 Diovan（缬沙坦，血管紧张素 II 受体拮抗剂抗高血压类药物）；

Doxil（阿霉素，是一种作用于DNA的药物，广泛使用于化学治疗）和Paxil（帕罗西汀，抗抑郁药）；Kwell（女用消毒洗液）和Qwell（镇痛仪）；Ranexa（雷诺嗪，治疗心绞痛）和Prenexa（孕期复合维生素）。它们长得太像了，很容易混淆。有些人甚至会把Allegra（非索非那定，过敏性鼻炎药）和Viagra（伟哥，治疗勃起功能障碍）弄混。25%的用药失误都跟弄混了药物名称有关，医生、药剂师和患者都曾报告说遇到过这样的混淆。

你希望人们逐字逐句记住你所说的话，
还是……只记住个大概？

影响专家们的记忆

在判断是要旨记忆还是逐字记忆时，不妨想一想我们受众的专业知识和年龄。如果要做决策，专家们的表现往往是：所需信息较少，但处理得不怎么精确。比方说，经过基于要旨记忆的简单介绍，和新手医生相比，专家医生能更好地诊断出患者的病情。专家们知道怎样简化判断和决策，并将之与其他知识更好地结合起来。所以，如果我们面对的是年纪较长、经验丰富的群体，我们可以介绍许多细节，因为我们知道这些人能够提炼出要旨，很好地与自己的知识库结合起来。

不过还是得小心。依托要旨记忆，让专家们更容易产生偏误。例如，假设一种疾病的基础发病概率是10%，再假设该疾病的诊断测试正确率为80%。如果患者的测试结果呈阳性，那么他患有此种疾病的概率是多少呢？更接近30%，还是70%？研究人员针对82名专家医生做了检测，只有31%的医生选择了正确的答案（30%）。把基础发病概率和诊断测试结果相结合是怎样一种情况，医生们几乎天天都会接触到相关反馈，可他们仍然选择了不正确的答案。这也就是说，哪怕面对专业人士，我们也不能完全依赖他们产生的要旨记忆。逐字记忆能救命。

对哪一种记忆进行控制更重要？

别人报告了他记住了你所说的哪些内容，你怎样评估对这一结果是否满意呢？你有三种选择：

（1）只接受逐字记忆；

（2）可接受逐字记忆和要旨记忆相结合；

（3）只接受要旨记忆。

如果你在法院或者学术界工作，专门从事基于确凿事实的主题，很可能，你想要追求的结果是选项一，你也只接受这样的结果。如果你在企业界工作，基本上喜欢选项二。如果你提供的要旨跟竞争对手太相似，说不定会更强调逐字记忆。如果你在创意领域（如时装设计）工作，你可能喜欢选项三；就算你不再跟人们置身于同一个房间，他们也能记得你所说的要旨，因为他们对过去的微小细节看得没那么重，他们能够继续自由发挥、进行创造。始终沉迷于过去，无法激发出独创性。

在前文提及的 PowerPoint 研究中，有三位编码人评估了参与者记住了多少张幻灯片的反应。我们提前约定，我们可以接受选项二：只要保留了幻灯片的要旨，两者的结合就可以接受。幻灯片的目的是告知参与者进行在线演讲时分享网络摄像头的有用技术。一些技术包含了如下忠告："别穿白色；它会发光，变成屏幕上最扎眼的东西"；"别穿红色，它们让人分心"；"别穿条纹衣服，它们会在屏幕上产生跳动感"；"别穿黑色，它太严厉，而且吸收所有的光线"。只要参与者能报告说，"别穿白色、黑色、红色或条纹衣服"，即可视为回答正确，因为他们掌握了要旨（不该做哪些事情）。不过，以下是一些太过模糊的空洞要旨记忆案例："哇，我脑子变得一片空白。我记得陈述大概是怎么回事，我想那些信息对我有用，跟我做所的事情很适合，我认为幻灯片做得很好，因为每张幻灯片上都有很多文字，但我记不得任何具体信息了。"

这并不是说 0.9 的模糊度就比 0.2 的模糊度糟糕。一切关乎于你事前认为受众达到什么程度就合适。比方说，我曾碰到过一些高管，他们坚定地说："受众到底从我的信息里接受了多少内容，我不在乎，只要他们下一次又回来听我说就行。"0.9 的模糊消息仍可带来行动。

要旨还带来了熟悉，熟悉带来了决定。有可能人们完全不能一字不差地记得任何事了，但曝光让他们熟悉了相关的刺激。"曝光效应"造成如下结果：我们接触到一种刺激的次数越多，就越是喜欢它（前提是该刺激并未使我们远离自己视为奖励的东西）。熟悉是一种强大的决策驱动因素。举个例子，如果你要人们从人群里选出一张他们认为最有吸引力的脸，他们往往会选出由其他所有面孔组成的脸（这叫作"美来自平均效应"）。想想你在很多程序里都会用到的"保存"图标。哪怕这是个很过时的视觉符号*，要把它换掉却很难，因为多年以来人们对它太熟悉了。

我记得，某电信公司的高管想激励员工"前往革命的心脏"（指电信行业发展的下一阶段）。他的演讲分为 14 点。我们都认为，要想控制人们记住这 14 点多少有点困难。所以我们把重点放在了三件事上：(1) 逐字记忆"前往革命的心脏"这句话，这对该高管来说很重要；(2) 演讲结束之后，到哪里去找包含了全部 14 点内容的资料；(3) 让受众产生熟悉感，"本领域即将发生很酷的事情"。一旦从这个

* 许多软件的"保存"图标都是"软盘"，而软盘早就被技术淘汰了。

角度看，哪怕任务涉及记住最复杂的内容，也并不会让人望而生畏。

回顾自己的内容，想一想：**你下一次沟通的“10%信息”是什么？**你的受众是要逐字重复，还是理解要旨就够了？如果只需要理解要旨，什么样的模糊程度对你有利？你带给人们的熟悉感，是否足以让他们在将来回过头来再次与你的内容互动？

逐字记忆在观看刺激后的短时间内更容易获取；要旨记忆在经过较长时间后更容易获取。那么，我们有必要问：你希望受众在什么时候根据我们的期待做出决定呢？是我们跟他们交谈之后马上，还是几天之后？答案将决定我们是应该重复具体细节（少数的几个细节），还是分享整体信息但停留在表面。

你是否在受众的头脑里留下了足够的强度？

在电影《卡萨布兰卡》中，主角里克跟尤加特有这样一场对话。尤加特是当地黑社会成员，趁乱向流亡难民私售出境签证。尤加特拼了命想让里克关注和羡慕自己，但却察觉里克走了神。于是，他问里克：“你是不是看不起我？”里克一边埋头干活，一边说，“如果我真的对你有什么想法，那说不定会。”

这一幕提醒我想起了一个严峻的现实。我们给人们留下的印象，并不如自以为的那么强烈、那么频繁。然而，每次我们在 A 点进行沟通，都有机会对 B 点所发生的事施加影响。尽管人们几乎忘记了我们对他们所说的一切，仍有可能去影响他们残存的那么一点点记忆，推动他们采取合乎我们心意的行动。

你到底想在人们心目中留下些什么呢？假设你受众里有一个人，左右肩膀上各站着一只鸟。一只鸟叫逐字记忆，另一只叫要旨记忆。哪一只活得更久呢？你喂的那一只。

要点

- 遗忘曲线假设，随着时间的推移，如果我们不努力加以保留，信息就会损失。短短几天里，我们可能会损失多达 90% 的内容。
- 除非我们对“10%信息”加以控制，否则受众会随机记忆我们所说的内容。
- 按照模糊痕迹理论，人们形成两种类型的记忆：逐字记忆和要旨记忆。逐字记忆是一个字一个字地准确表述我们过去所学到的内容。要旨记忆则包含了过去所发生事情的大体含义，它们不太准确和具体。
- 判断你希望在人们脑海里留下哪一种类型的记忆（逐字或要旨），两者的比例如何。

第四章　怎样用线索促发行动

我是 20 世纪 80 年代在罗马尼亚共产党执政期间成长起来的孩子，那是一个稀缺的时代，那也是一个稀缺的国家。买任何东西都要排长队：铅笔、电池、袜子，或者猪排。我妈妈对我很严厉：“想吃巧克力？去排队吧。4 个小时之后见。”排队等候最气人的地方是不知道有没有足够的货源卖给每一个人。有时，店员会体贴地提前宣布：“我们的肉大概够卖 30 个人的。”为了说得更精确，他们兴许还会说：“我们就卖到……那位戴帽子的高个绅士那里。”

我记得，在一个刮着猛烈大风的下午，一辆卡车停在了街角副食店的后面，有人叫起来：“他们弄来了香蕉!”我很喜欢吃香蕉，一般要两年才吃到一回呢，所以买香蕉是很值得费工夫的。我旋风一般冲回公寓，把钱从专门的抽屉里拿出来，穿上了鲜红色的风衣，它是我从一位年纪比较大的朋友那儿要来的二手货。这衣服足足大了三码，但在这种场合，没有时间为穿着大惊小怪。我及时地排进了队伍。我排了大约 3 个小时，心里巴望着能买下 8 根香蕉（这是一家人的常见配额），得到妈妈的认可。等了 4 个小时之后，我开始心痒难耐，害怕还没轮到我香蕉就卖完了。人龙仍然很有气势地排着，店员走出来，看了看我们，接着说："我们会卖到……"通常，到这种时候，我就知道这场仗打输了。我还只是个孩子，挤在大块头的成年人当中根本连影儿都看不见，肯定不会选到我的。可那一天，他说，"……卖到……那位穿红大衣的姑娘那儿。"我感觉自己就像是入选了罗马尼亚体操队！我调整了一下站姿。我觉得自己长高了，变成了个重要人物。我还有些愧疚，因为我身后的人个头更大，年纪也更大……看起来像是"更配得上香蕉的样子"。但最重要的是，我很庆幸自己穿的大红色外衣在恰当的时候吸引了店员的注意力，成为了他行动的线索。

线索很重要，因为它们提示了接下来该做什么。在前面的章节，我们讨论了"注意线索"是"执行打算"这一过程的关键。店员多年来训练自己寻找突出线索，帮助自己轻松地做出决定，尽早完成工作。在他的脑海里，鲜艳的颜色可能跟"马上就能回家"有关联。

大多数人都不会闲坐着等待线索。这就是说，我们在 A 点创建并有意在 B 点吸引关注的线索必须足够独特，能够抓人眼球，对特定的记忆做出提示，哪怕人们正忙着做其他事。如果说有一件事所有的神经学家都认同，那就是**线索是行动的信号**，而我们知道人根据三个因素采取行动：反射、习惯和（或）目标。因此，我们不妨学习一下，怎样建立映射到上述三个决定因素的线索。这里，我们一定要记住，不管线索属于什么类型，大脑总是在不断寻找奖励。

如果你在 A 点用来吸引关注的线索，跟人们后来在 B 点遇到的线索类似，它们就有更大的概率提示人们采取行动。举个例子，假设一对夫妇为了降低胆固醇，必须吃药（一种新的习惯）。在家里，如果他们把原有的习惯（喝咖啡）跟吃药的新习惯捆绑起来，就能够记得吃药。把药放在咖啡机旁边，能帮助他们按打算采取行动。当他们外出度假，喝咖啡的位置跟原来不一样，吃药的习惯说不定也会受到影响。充当线索的咖啡机突然不在原位了，自然就很容易忘记服药。

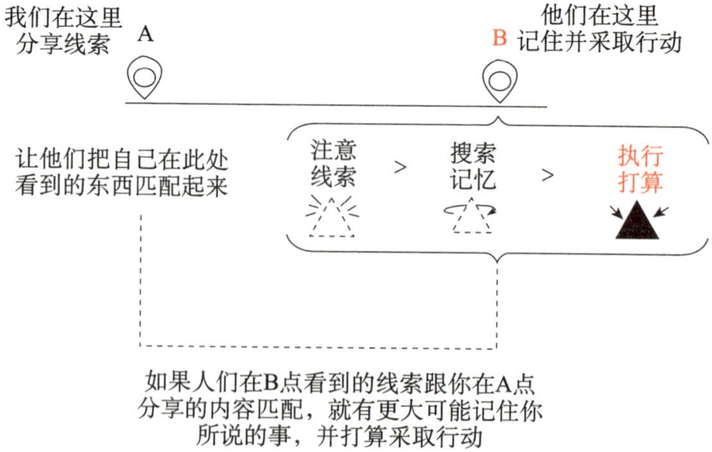

在 A 点不断地问：我展示的线索，能够吸引他们的注意力吗？等到了他们自己观察的时候，也能注意到相同的线索吗？如果高露洁牙膏在电视广告里使用一种背景颜色，而在货架（这里是消费者做决定的地方）上使用另一种背景颜色，那就完全没有意义了。

以自动方式向人们发出感官线索

许多刺激的物理性质都有着让我们“情不自禁”地把注意力投到线索上的力量。大红色外套，响亮的声音，或是情人冰凉的脚丫出乎意料地伸过来，都能让我们反射性地、自动地、毫不费力地投以注意。这是因为人类有一套高明的警戒系统，把注意力聚焦到事关生存的东西上，不断侦察环境。这种注意力过滤机制随时都在运转，哪怕我们睡着了。因此，突然改变我们所处环境的物理特点，如不同寻常的颜色、质地、大小、运动、声音，或物体的朝向，都能够强迫性地吸引我们的注意。这是我们达到“无法忽视”目的的一条途径。

在下面的图片里，由于运用了颜色、大小等物理特点，你可以肯定观众的目光会落在什么地方。观众情不自禁地会朝着特定区域看。如果我们对他们所看的地方有把握，对接下来会发生些什么（如搜索记忆、执行打算等）也会更有把握。

线索的物理特点，如大小、颜色、响度或亮度，反射性地吸引关注

刺激的物理特点自动触发关注，在人们匆匆忙忙、注意力稀缺的时候尤其如此。2003 年，为了让人们注意、提醒他们不要抽烟，广告公司 Clarity Coverdale Fury 设计了一根巨大的烟蒂。这尊作品大约 18 英尺（5.5 米）高，底座宽 5 英尺（1.5 米）。更扎眼的是，它顶上还安装着一幅巨大的广告牌，看起来如同是广告牌把烟屁股砸进了一口同样巨大的黑色烟灰缸。整个广告安装在明尼阿波利斯，提醒开车前往、离开赌场的人们戒烟。哪怕车速达到每小时 70 英里，由于广告巨大的规模和强烈的信息，人们的眼睛也很难错过它。

用自动线索吸引注意力很管用，因为它把思考的负担转给了外界。注意和记忆过程很容易被相似物品搞糊涂。我们可以参考一下认知心理学家所谓的“吉布森环境赋使”（Gibsonian affordances），这个名字来自美国心理学家 J. J. 吉布森（J. J. Gibson）。吉布森环境

颜色

大小

在线索中运用强烈的感官输出，
把你的注意力吸引到信息上

赋使描述的是设计特征能为我们提供使用线索的物体。环境赋使暗示了采取行动的潜力。

当你靠近一道门，你知道它是朝里开，还是朝外开吗？曾有实验询问受试者："你的卧室门是朝内开的，还是朝外开的？"大多数人都不记得了。这是因为门的功能将这一信息为我们编码，我们不必去想它。驾驶一辆现代轿车，哪怕我们已经习惯用车钥匙，还是很快知道得按下启动按钮。看着抽屉把手，我们知道怎样拉动把手打开抽屉。使用烤箱的时候，我们立刻就知道怎样转动旋钮，提高温度。我们创造环境赋使，就是为了减少受众意识大脑的负担。

吉布森环境赋使也用于商业内容创作。例如，几年前，我记得帮助 Marketo 公司的 CEO 菲尔·费尔南德斯（Phil Fernandez）创作了一份演讲稿，宣传他的书《收入分配》（*Revenue Disruption*）。演讲稿一共包括 45 张幻灯片，其中 14 张包含了关键字，字体比演讲其余部分文本大 30%。这些文字跟营销人员要面临的若干问题（如，“有限选择”“火星对金星”，意在描述营销与销售动态）及解决方案（如“创造收入”“巨大的机会”“收入绩效管理”等）相关。演讲结束很久以后，营销人员稍后在其日常工作中都会碰到不少这些物理刺激。再通过随后的电子邮件提醒、白皮书和网络研讨会记录加以巩固，它们便可充当线索，传递行动信号。

想想你自己的内容，问问看：“有什么线索可以转移到外部环境，提示你的受众采取行动?”花时间找到答案，因为它能带来丰厚的回报：受众按照你眼里的重要内容采取行动的概率会大大提升。

在这里多说两句，本书这部分内容所探讨的注意力，对刺激有着依赖性。由于它不需要受众的认知努力，人们可能忍不住会太过频繁地使用它。但从记忆的角度来说，这样的关注持续时间很短。除非我们能为受众提供真正独特的感官体验，感知关注恐怕无法带我们走太远。这是因为，我们通过感官吸引注意力的时候，这个过程带来了感官记忆，而感官记忆只能持续不到一秒钟。如果刺激足够强烈，能推动受众追求奖励、回避惩罚，那么，它可能在较长的时间里保持活跃。科学家们对它的持续长度仍存在争论，但短期记忆大概能持续 30 秒到几分钟。如果我们想在 A 点和 B 点使用线索影响长期记忆（在前瞻式记忆里，我们就做到过），我们必须把基于感知的注意力，跟其他吸引、维持注意力的途径结合起来。请继续往下读。

使用线索唤起人们的习惯

我们常常将注意力指向为习惯服务的刺激。受习惯驱使的关注很有效果，因为人们能够自动地保持关注，而且，一旦习惯形成，就不需要太多认知努力了。

诸如解决问题、完成项目、跟朋友聊天的惯例，我们一开始有意识地受其吸引，但过了一段时间，如果整个过程带来了奖励，那么，我们就能够在很长的时间里保持注意力集中了。以爱德华·史泰钦（Edward Steichen）为例，20 世纪 20 年代，他曾用整个夏天拍摄梨子。他拍摄出了著名作品《三个梨子和一个苹果》，成为将摄影改造成艺术的第一人。这是专心致志、习惯性投入关注带来的结果。再想想图形设计师史蒂夫·斯文格勒（Steve Swingler），他用了一整年的时间来拍摄世界各地酒店浴室里的水槽，想要重获新的生活视角。他回到家乡，创办了一个成功的哲学项目，启发他人投入时间进行反思。他指出，“持续关注像水槽这样的平凡物品，激发了人的兴趣，带来了问题和比较，对那些置身现场的人来说，他们对水槽的记忆，变得比落日甚至泰姬陵都更丰富、更具个人色彩。”

人在清醒时总会把注意力投到某样东西上，

你找到他们习惯注意的地方了吗？

我们怎样才能找到受众本就在注意的地方呢？我曾经读到过一个故事。一位心怀远大抱负的喜剧演员想提高自己找到脱口秀工作的机会。他问自己，“这个领域的潜在雇主一般会去什么地方呢？”他们去餐馆。他们去俱乐部。他们还有长途飞行的习惯。于是，他到西南航空公司去当空乘人员，主要在洛杉矶（洛杉矶是娱乐产业枢纽）周围的航线上工作。他既能在支持趣味短剧的航线上打磨个人记忆，也来到了潜在雇主有可能出现的好位置。

一家创业公司以营销活动为业，它不需要再搭建和销售自己的平台。因为它发现，由于它的理想客户本来就在使用 Salesforce. com，所以，只要想出怎样和 Salesforce 进行整合就可以了。只要成为平台的一个新功能，接下来就是让客户的注意力投到 Salesforce. com 的新功能上就行了。依靠足够的重复和曝光，新信息和旧习惯建立了关联。这比从无到有开展说服工作更容易、更廉价。

我记得曾和一位向企业员工销售社交网络平台的宣讲人共过事。我很喜欢他对该应用程序的介绍（“企业专用的 Facebook”），因为他使用了一个习惯性线索（Facebook）。在宣传推广中，这位宣讲人提到，要想在工作环境下完成任何任务，商务人士都要围绕着三样东西转：应用程序、内容和人员。我们可以靠通用图标轻松地把这三样东西以可视化的方式呈现出来：比如用齿轮代表应用程序，文件夹代表内容，男女图标代表人员，并将这些图像安放在通用背景画面当中。但我们并没有采用这种做法。相反，我们用他目标客户能在工作桌面（这是不少人习惯性的工作地点）辨认出来的图标来再现这三个概念。画出电脑桌面，在桌面上建立一个名叫“应用程序”的文件夹，文件夹里放着代表 PowerPoint、Excel、SAP 和 Salesforce 等软件的图标。你还可以看到一个名为“内容”的文件夹，里头放着 Word、Adobe Reader、内联网、SharePoint、Jive 等软件的图标，还有名为“人员”的文件夹，里头包括了电子邮件、Skype 和 WebEx 等软件的图标。我们围着这三个文件夹画了一个圆圈，同时介绍宣讲人所推荐的新应用程序的名称。这款新应用程序用荧光绿图标表示，跟其他图标很不一样，受众不会弄混。这种介绍方法就是根据受众习惯来设计的。

观察一下你想要沟通的重要信息。你能把它放在受众习惯性流连的地点吗？只要你知道了那个位置，就可以使用物理线索，将注意力引导到关键位置，确保线索足够强烈，在 B 点能被人注意到（比方说，跟你产品相关的鲜艳图标，出现在一个人们不会错过的地方）。

带反射性关注的线索

除了可将注意力引导到外界的线索，我们还可以向受众提供指向其内在思考的线索。请想一想如下问题：碰到从前苦恋的对象，你会说些什么？

这个问题，是《陈年旧爱》（*Dear Old Love*）的作者安迪·塞尔斯伯格（Andy Selsberg）提出的。这本书里收集的都是人们想象自己碰到前任会说的话。书里的短句立刻吸引了人们的注意力："听说你俩的孩子毛发浓密，我甚感欣慰。""拜托，快把你电子邮箱的密码改一改！我都快偷窥上瘾了。""你怎么会讨厌牵手呢？这就跟讨厌春天，讨厌小猫是一个意思。""我更喜欢你室友。"有些内心独白很好玩，有些很机灵，还有些怨念深重。在撰写这本书的时候，作者并未提供视觉刺激；他提供的是一条线索：一个有力量的问题，把人们的注意力引向其内心想法。

你也可以对自己的受众采用同样的方法。向他们提供线索，使之聚焦在具体的想法上，再把这些想法和你的信息挂钩。这种方法的好处是，你不一定再需要幻灯片或大段的宣传来吸引注意力了。

这里有一些反射性关注线索的例子，你可以用在跟他人的对话里，**指引人们关注其内心想法**。

重新激活原先的记忆

“还记得当时发生了些什么吗？”

“最让你吃惊的是什么？”

“最圆满的部分是哪里？”

指出概念之间的关系

“你的首席营销官和信息部门之间的关系怎么样？”

阐述他们从过去汲取的经验

“上一次营销活动过后，你注意到了些什么？”

“有了这一次的经验，你以后会采取哪些不同的做法？”

引申意义

“发生了什么跟你先前信念不一样的事情？”

“这对你的价值观意味着什么？”

“这一次的经历，说明了你具有哪些优势？”

当我们用反射性关注调动受众的时候，我们通过一个叫“精细编码”（elaborate encoding）的过程唤起了长期记忆。这就是说，我们的受众为正在讨论的主题创建了额外的记忆痕迹。如果我们在随后的场合重复激活它们，这些记忆会变得更强烈。如果某件事很重要，当事人必须记住，而我们隔两个星期还会见到这个人，那么，不妨再次提出若干相同的问题，跟新的问题搭配起来（以免当事人认为是你的记忆出了毛病）。

与目标相关的线索

有时候，人们把注意力完全集中在了一点，错过了周围发生的其他事情。西华盛顿大学的艾拉·海曼（Ira Hyman）教授做了一项研究，观察人们边走路边看手机的话能否注意到身边有一个骑着独轮自行车的小丑。用手机聊天的人里有25%错过了戴着红鼻子、穿着鲜红亮黄戏服和大号红舞鞋的小丑。

这些统计数据用震撼人心的现实提醒我们：在任何特定时刻，人都可以无视我们（哪怕我们跟骑着独轮车的小丑一样扎眼），选择把注意力放在另外的刺激源上。

在大多数人抱怨自己注意力持续时间太短的时候，什么东西能影响人们故意转移注意力呢？除了反射和习惯，不妨把你的信息和人们最切身的目标挂钩。和反射或习惯不同，注意到与目标相关的线索需要当事人付出认知努力，但用它来吸引注意力仍然是可行的，因为目标一般受需求驱使，完成目标会带来奖励，足以激发行动动机。这类需求的例子有哪些呢？

数十年来，许多有关人类需求的心理学理论之间始终存在矛盾。每当有心理学家确定一个需求，总会有另外的心理学家说我们需要的恰恰与之相反。科学家们最终意识到，我们人类兴许存在一连串互相冲突的需求。

- 不确定性⟷结构性
- 与人共处⟷保持隐私
- 饱食/生存⟷超越

想想过去几个月里你是否曾体验过这些互相矛盾的需求。你或许寻找过新餐馆，尝试了一项新运动，渴望追求新颖和惊喜。然而，开会的时候，你希望提前知道日程，你需要结构、惯例和可预见性。你曾挤出时间和他人一起吃晚餐，但也珍视少许的独处时刻。你也许沉迷于美味的食物和饮料，但说不定也曾抗拒过自己的一些渴望，又或者，你加入过有着美好愿景的社会团体，想要扩大自我意识。

你的受众没有什么不同。他们同样存在相互冲突的需求和目标，但一般是为了实现某种奖励，比如获得竞争力、吸引力和自我价值观。那么，就请记住这 6 种需求，回到你的信息上来。你能想办法把自己的信息和上述需求联系起来，同时解决与之对立的需求吗？举个例子，我曾帮助一位客户设计过有关“让销售更具个性化”的演讲。客户对潜在买家的宣传方向是，营销人员能够创建“一对一的电邮信息，只向想要的人发送产品目录”。这暗示了对结构性的心理需求。承诺还包括以下能力：“从小幅预算着手，逐步发展。”这跟不确定感挂上了钩，暗示“或许会出现什么了不起的事业，只不过你还不知道”。演讲人还提到了营销人员独立运用算法的能力（隐私需求），以及加入团队从其他专家处学习的能力（与人共处的需求）。

把你的信息跟一项人类需求挂上钩，你将得到关注。

等确定了具体需求之后，你要想一想，同一批受众或许有着相反的需求。

此外，还可以考虑将内容与受众当前未能实现的目标挂钩。人往往会对未完成的东西给予更多的关注，记得更清楚，因为大脑总是在寻求“闭合”——它现在就在努力寻找。最近有一项实验，研究人员让参与者怀着一个具体的目标搜索一系列图片（找到一张眼镜的图片，它之后是一张剪刀的图片）。参与者找到了目标图片序列。对照组在相同的时间里观看相同的刺激，但没找到目标图片，因为没有给定目标。接着，研究人员问参与者，能记住多少跟目标图片序列相关的单词。来自“未找到目标”组的人比其他两组人记住的相关单词更多，而来自“已找到目标”组的人记住的单词非常少。拥有主动目标提高了与目标相关信息的可访问性（本例中指与图片相关的单词），但目标完成则会降低可访问性。换句话说，只有当目标并未达成的时候，拥有主动目标才会提高相关信息的回忆度。这就是为什么肥皂剧和电视剧大受欢迎的原因；它们总是会在结束时给观众留下悬念或神秘场面。

目标可以一次性实现（比如吃一顿饭，买一件冬天的大衣），也可以是一件有过程、始终停留在背景当中的事情（如保持健康，符合社会期望等）。想想怎样为受众同时提供两者：一方面，是使用你的内容就可完成的东西，另一方面，是他们在一定时间内无法完成的东西（这样他们之后还得再回来找你）。比方说，“创建有效的投资计划需要四个步骤。今天，我们来谈谈前三步。”

说到以目标为导向的注意力，我们还必须考虑这样一个问题：我们的听众是否拥有足够的意志力，遵循我们的指导，或是将注意力指向某件重要的事情？这是一个关键问题，因为如果我们在下午 5 点跟人谈话，这时候他们工作了一整天已经很疲惫了，要想得到那种对认知努力要求高的关注就很难。他们的意志力恐怕所剩无几。更有效的做法是，给人们留下一张大字的便条，提醒他们明天一早替你做某事，而不是要他们再加班 30 分钟完成一项任务（第二天很可能需要重做）。

社会期望是一种最棒的线索，因为人长期都存在社会动机。印象管理不断回荡在我们的脑海里：“他们喜欢我吗?”“他们相信我吗?”“他们会雇用我吗?”社会期望，是跟与人共处的背景需求（如对方的接受或赞许）挂钩的；它永远没有圆满状态，不会消失。它在记忆中发挥着强大的作用，因为我们内心会围绕生成线索（例如，“如果我很会说话，他们肯定想和我多待些时间”），并有着持续不断的外部提醒（例如，“会说话的人都有着不错的工作”）。

掌握社会期望线索是很实用的，因为只要存在其他人，就有助于巩固原有记忆，充当现有知识的线索，促成行动。举例来说，与社会期望相关的刺激，在他人在场时处理得更快，和中性的词汇相比，人们能回想起更多与社会期望相关的词语。当有其他人在场一起观看广告，我们有更大的可能记住那些与社会期望相关的广告，比如更容易记住去头屑洗发水或香水的广告，而不是烤面包机的广告。

回顾你的内容，问问自己：人们是和他人在一起的时候还是独处的时候更容易回想起信息并据此采取行动？如果我们希望受众在群体里记住信息，那么在 A 点时最好是向群体展示内容，因为他人的存在，到了 B 点能充当关注、记忆和行动的线索。

巩固线索、记忆和打算之间的联系

我们沟通的目的是让人们最终按照我们所说的事情去行动，在商业领域尤其如此。例如，我们希望潜在客户下一次决定供应商的时候，选择我们而非其他人。麻烦的地方是，他们还忙着许多其他的事情，我们只是嘈杂背景环境里的一粒小小尘埃。

我们想让人们走完的一整套流程是：注意到线索，检索自己的记忆，依照打算行事。这意味着，我们必须努力创建并训练线索、记忆和打算之间的关联。在 B 点，不光要重新激活先前的刺激，还要重新激活刺激与打算之间的关联。fMRI 研究表明，当我们对相同的刺激重复编码（也就是反复给我们看相同的地方），海马体的活跃度会变低。然而，当我们重新激活刺激之间的关联，海马体的活动会增加，从而带来更准确的记忆检索。

对线索、记忆和打算之间的链接进行编码，你可以明确地指出它们，也可以让别人说明自己的打算："当我碰到 X 情况，我会执行 Y 行动。"不管是口头还是书面说明，两者的效果相同，都好过不说明打算、寄望于人们主动回忆起来执行某事。研究表明，采用书面指示加图片的方式，前瞻式记忆更有效。举例来说，"如果我收到潜在客户的信息，我会到领英上检索他的个人资料。"（此时我们会看到某人的领英个人资料图片。）如果你向人们展示"怎么"做某事的话，任何形式的指示都有潜力改善前瞻式记忆。研究结果告诉我们，**哪怕仅仅是让人们想象 30 秒自己未来做某事的情形，也能提高实际执行这件事的概率。**

不要对只跟你及你的事业相关、但跟长期记忆里的任何事情都没有关联的鲜明线索进行编码，这很重要。在做出决定的B点，线索必须足够鲜明，人们才不会把我们跟竞争的其他人弄混。可我们必须保持谨慎，要知道，在B点，人们往往忙着做其他的事情：恰当的前瞻式线索极端重要。

我们该怎样衡量自己的线索是否满足上述标准呢？不妨参考以下原则：

（1）线索的性质。线索和记忆本身的关联越多，记忆越强烈。例如，在你心目中，如果“舒洁”代表且仅代表纸巾，那么一说到“纸巾”，你或许能迅速地想起“舒洁”这一品牌。如果有人说“灯泡”，你恐怕不会立刻联想到飞利浦，因为这家公司除了灯泡还代表其他许多东西。不管是我们自己还是由别人提供线索，我们想起来的事情总是跟线索独立的。如果关联度太弱，就不足以激活任何具体的信息。

（2）线索的强度。如果有人说“啤酒”，但你并不是一个爱喝啤酒的人，那么这一线索就不会引出任何特定的记忆。线索需要足够的曝光和重复次数，才会变得强烈起来。

（3）我们记忆里该线索与其他元素的连接数量。如果有人说“啤酒”，你脑海里会浮现出多少种品牌？如果你对着一名受众说“预测分析”，你是对方想起来的唯一供应商吗？你能找到一个字或词组，在听众的大脑里只与你有关吗？如果线索的数量太多，人们会很难形成“如果—那么”计划。

以下是一个例子，旨在说明怎样在内容创作中应用上述原则。

一家大学发起了一场校园宣传活动，希望说服学生少喝酒。校园里到处张贴着海报，说：“我们大学 65％的学生，聚会时喝的酒水不到 3 瓶。”它想借助社会证明打动学生群体：遵循可接受行为规范的学生越多，有动力模仿他人的学生也越多。社会证明或许是一种了不起的决策驱动因素，但学生们必须在最重要的时间和地点回忆起这条信息才行，也就是说，要在 B 点（他们可能会喝酒的地方）想起来，而不是在远离酒吧漫步在校园的时候。

为提高“少喝酒”信息在关键时刻不被忽视的概率，工作人员可以把提醒信息放在酒吧的杯垫上，或是夜总会的准入手环或夜光戳记上。在一项研究中，工作人员请酒吧老板在酒精饮料里放置“闪光块”。这些方块状如冰块，内置塑料 LED 灯，能发出红蓝交错的光，叫人想起警车上的警灯。因为在最关键的时刻出现了鲜明独特的视觉线索，酗酒状况减少了。

把你的内容记在心里，考虑线索在编码和检索这两个阶段的性质。到目前为止，我们讨论的是在编码阶段使用线索吸引注意力。而到了检索阶段，认知科学家提醒我们，线索要满足 3 个标准，才能在关键时刻影响记忆和行动：

（1）人们必须在检索时识别出线索。在“少喝酒”宣传活动中，更为有效的策略是在广告里也提到这些 LED 光块，这样一来，人们在酒吧里看到它们的时候，不会觉得完全陌生。

（2）等认出了线索，人们还必须检索出相关的动作。在“少喝酒”活动中，这意味着必须提醒人们注意：这些 LED 光块跟“少喝酒”相关。如果在编码时就建立起这种关联，它在检索时会更强烈。

（3）人们必须对自己此刻在做的事情和应该做的事情加以协调。在“少喝酒”推广活动当中，这意味着 LED 光块需要趁着时间还来得及时就放进酒杯里。对其他类型的内容，我们要问：线索是否足够鲜明，让人们能打断自己正在做的事情，去实现另一种可取的状态？奖励是否明显，能促成他们切换任务？

在尝试影响受众的记忆和行为时，运用稍后会被注意到的线索，是最重要的一步，因为记忆和打算往往从这里开始。研究人员观察到，“把功夫花在注意功能上，或许比花在搜索功能上更值得。注意功能大多要求对前瞻式线索有着清晰的记忆，或需要排练预期反应，可一旦人们注意到了该线索，用来进行搜索、判断该怎么做所需的记忆就变得相对较少了。”所以，只要你谨慎地对待这一步（帮助其他人注意到线索），进行有效沟通的任务就更为轻松了。有多轻松呢？就如同在人群中注意到一件鲜红色的外套那么轻松。

要点

● 如果你在 A 点用来吸引注意力的线索跟人们在 B 点会碰到的东西类似，那么线索就有更大的可能向人们发出行动信号。

● 刺激的物理性质，如不同寻常的颜色、质地、大小、运动、声音，或物体的朝向，都能让人们“情不自禁”地看过来。这类线索能发挥作用，因为它们不需要太多的认知努力。

● 创建跟现有习惯相关的线索（比如，将新的信息和人们本来就在使用的软件应用程序关联起来）。习惯所推动的关注非常有力量，因为人们能够自发地维持它，而且，一旦形成习惯，也并不需要太多的认知努力。

● 使用线索将注意力向内引导，让受众聚焦于自己的习惯性想法。当你调动起了受众的反射性关注，你就通过一个名叫“精细编码”的过程，唤起了长期记忆。

● 把你的信息和人们最重要的目标挂钩。和反射或习惯不一样，目标要求付出认知努力，但因为目标受需求推动，吸引关注仍然可能。要意识到受众或许有着存在冲突的需求，如不确定性和结构性、与人共处与保持隐私、生存与超越。

● 把你的信息和当前未能满足的目标挂钩。人们往往会对未能完成的事情给予更多的关注，记得更清楚，因为大脑总是在寻求“闭合”。

- 把线索跟社会期望挂钩，因为印象管理是一种强大的动力因素。人们往往会注意到让自己在他人面前显得好看的东西。
- 确保人们有足够的意志力注意到你（例如，要在一天当中及早呈现重要信息）。
- 巩固线索、记忆和打算之间的关联。

第五章　怎样做到符合期望又出乎意料

2013 年，舒洁与 Facebook 合作，向觉得自己生了病的用户提供护理套装。以色列广告公司 Smoyz 为这场广告活动出了力，他们搜索 Facebook 上更新了状态、说自己生了病的用户。接着，该公司利用网络链接找到用户的邮寄地址，向他们派发舒洁的“很快就会好起来”套装。多么意外的礼物！收到护理套装的人大受感动，每一个人无一例外地在网上贴出了自己的经历，表达了感激之情，这场营销活动得到了病毒般的传播效果，吸引了 65 万人次以上的关注。

意外也不见得总是叫人愉快。

20 世纪 70 年代末，罗马尼亚大使科尔内留·波格丹（Corneliu Bogdan）拜访北卡罗来纳州的夏洛特，观看美国和罗马尼亚两队争夺戴维斯杯的比赛，碰到了另一种意外情况。开幕式上，小型军乐队一不小心演奏起了罗马尼亚前政权的国歌。一场意外的事故！罗马尼亚大使震惊不已。当时执政的罗马尼亚总书记齐奥塞斯库，对遭遇此类政治事故的下属从不留情面。好在音乐立即停止，组织者迅速切换到其他活动，然后在开幕式里重新演奏了正确的国歌。

这本书的前面部分，我介绍了 2015 年进行的一项最受欢迎幻灯片研究。结果表明，唯一能可靠预测幻灯片在人们脑海里停留足够长时间、能让人去执行对我们有利的行为的因素，就是意外。包含意外元素（哪怕所占比例很少，仅为幻灯片内容的 5%～10%）足以推动观众点赞、分享、下载、评论，或将该系列幻灯片嵌入自己的网站。

理解意外的神经机制很有用，**因为当你出乎某人意外的时候，不管结果是好是坏，你都能得到额外的情绪和参与。**本章介绍怎样创造意外，出乎受众的预期，从而影响他们的关注、记忆和行动。

为什么意外是和行动挂钩的？

当我们感觉意外的时候，大脑里涌动着两个过程：对刚才发生的事做出反应，进行评估。反应是快速的（150 毫秒或更短）、自动的、短暂的，大多不是有意识的过程。快速路径将事件带到杏仁核，这是大脑让我们为紧急情况做准备的区域，它会为刚才发生的事情分配情绪意义。快速通道是为了保护目的而存在，对一切持怀疑态度。面对意外，假设“出现了最糟糕情况”符合生物适应性。进化已经教育我们，夸大风险比过分讲究实际更好。

而在较慢的路径上，意外事件绕了个弯：它在到达杏仁核之前，先穿过了与沉思及评估相关的皮层区域。在这里，大脑对事件进行评估，告诉杏仁核把警报器关掉，并得出结论：“我不会因为国歌出了岔子就吃枪子儿的。”因为我们意识到了这一较慢的评估过程，我们对它的认识就比快速路径过程更多。快与慢这两个过程常常存在冲突，因为它们追求的是不同的目标：快速过程希望对潜在危险做出迅速反应；慢速过程希望进行准确评估，更好地为下一回做准备。

意外是预测失误。

自然选择偏爱能准确预测未来的人，于是我们的大脑就演化出了持续快进的能力。站在这个角度，从生物学上来说，意外总是不好的。这是因为意外就意味着对未来的预测出了错。哪怕事实证明是好事（比如因为流鼻涕收到了舒洁的意外礼物），意外也仍然是预测失误。

如果所有的意外在生物学上都不好，那为什么有些意外让我们惊喜呢？毕竟，所有收到舒洁护理套装的人都喜欢这一经历，哪怕它不可预测。认知科学家大卫·休伦（David Huron）怂恿我向自己指导的客户提出这样一个问题：“假设你能提前知道自己最珍视的目标具体会在什么日期、什么时间达到，你想要知道吗？”大多数人都说不想。生活里的一些快乐来自前进路上的不确定性和意外。虽然预测是愉悦的源头之一，但太强的确定性也会减少愉悦感。

由于大脑一开始把所有的意外都视为坏事，它们会诱发恐惧或压力状态——哪怕我们永远不会意识到这一点。科学家证实，当我们感到害怕或紧张时，身体会释放内啡肽等鸦片类化学物质，抵消潜在的痛苦，让我们正常运作，必要时奋起抵抗。又因为大多数的意外是假警报，最终的结果是：鸦片剂释放出来，我们无须靠它们抵抗作战，但却享受着它们带来的效应。

于是，我们就仿佛面对一个生物学上的悖论：一方面，我们喜欢准确预测，另一方面，我们似乎也很喜欢一定的意外。我们能不能为听众创造出既可以预料又出乎意外的东西呢？要回答这个问题，我们首先要了解人的大脑怎样学习预测，显得意外是个什么样子。为此，让我们来看看预期心理学。

我们怎样形成期待？

大脑会映射我们所做的每一件事。吃饭、工作、感觉疼痛、做爱——这些活动，许多都先在脑海里发生。神经认知研究已经证明，动作，比如简单的手部运动或身体锻炼，先发生在大脑里，再发生在现实里。我们通过形成期待，学习预测到底会发生些什么。

大脑先从结果开始想。

我们根据自己关注的东西、过去经历的记忆，以及一路上拥有的动机和情绪，无意识地自动形成期待。借助了脑电图和颅内记录技术，研究表明人类大脑在进化中可接受来自感官的输入，让它在一套分层的神经网络当中运行。该网络不断交换着信息，更新着我们过去的体验和内部偏差。这些流程复杂而高效，目的是尽量减少不可预测性，准确地预测接下来会发生些什么。

减少不可预测性的方法之一是形成图式（schemas）或心理表征（mentalrepresentations），一般而言，它们是对刺激重复曝光带来的结果。以电影为例。我们并不期待一个叫鲍勃的人是恶棍，也不期待一个名为“野兽”的角色为慈善事业卖饼干。形成心理图式是一种适应，因为它们能让大脑快速处理信息，做出恰当响应。对遇到的每一件事都进行评估会叫人精疲力竭，大脑始终在争取节能。

对商务会议、杂货店、机场，或者国歌，我们都可能拥有图式——因此也就有所期待。我曾在一场家装展示会上，看到工程承包商向没有经验的房主介绍怎样使用木工喷胶枪。当胶水从喷胶枪里涌出来落到木板上，房主说，“哇，就跟给蛋糕面上喷奶油差不多！”她通过现有的图式来观察新事物。

我们不断产生着期待——我们日后的岁月怎样展开，我们对一场演出做出什么样的反应，我们分享某个消息之后伴侣会说些什么。如果期待得到满足，我们会体验到快乐，因为我们做出了准确预测。如果期待未能满足，这种预测误差是一个汲取教训的时刻：我们学习怎样去适应。大脑通过弥合期待和现实情况之间的差距，成为更准确的预测引擎。准确的预测是无价之宝：能让你活得更长久。

准确的期待＝生物优势

“期待”（expectation）和“预期”（anticipation）这两个词经常互换使用。为了便于讨论，让我们把两者区分开来：期待是持续运作的，有时甚至在后台无声推进；预期则是运转中的期待。预期还跟多巴胺有关系，多巴胺在我们维持他人关注、促成其行动当中扮演关键角色。所以，下一章我们会专门来探讨预期。现在，我们则把重点放在期待上，它不断地向痴迷于将来的大脑提供养料；让我们来看一看，怎样运用期待，展现出受众喜欢的意外，说服受众给予关注并做出决定。

意外和新颖有区别吗？

在介绍为受众制造意外的实用方法之前，我们再来区分两个术语。人们常常互换使用“意外”（surprise）和“新颖”（novelty）。

尽管这两个词之间存在一定的关系，但也有一些区别，了解这些区别，能帮助我们调整制造内容吸引关注的方式方法。我们对“新颖”一词的定义是，以前没有经历过的事情；而“意外”则是某件未曾料到的事情。我们经常看到两者同时出现，所以混用这两个词也很自然。例如，我们为某公司设计演讲，介绍一套扩大营销活动的平台。我们播放的第一张幻灯片上写着“结束”。这么做的目的是告诉受众，这是传统营销故事的结束，传统营销活动中有太多事情靠手动完成，如果将它们转为自动化，会带来很大的益处。在受众眼里，以“结束”作为开始很新颖（受众从前在商业演讲里没见过这种做法），也很意外（正常而言，我们期待在演讲结束时才看到“结束”二字）。

有时候，我们可能会体验到没有意外的新颖，比如听到跟特定领域或事物相关的不同统计数据。举例来说，根据 2015 年美国银行报告，差不多 3/4（71%）的受访者带着手机睡觉。我们可能不知道确切的数字（新信息），但我们并不感到意外。有时候，我们也会体验到并不新颖的意外，比如演讲人在演讲过程中看手机：我们经常见到人看手机，但看到有人在演讲过程中这么做颇为意外。

调用现有心理图式提供熟悉度

在预测未来刺激的时候，我们预测得最准确的是过去最频繁发生的刺激。我记得自己读过一个故事，说有个时尚的商务女性第一次上瑜伽课，她承认自己把“普拉纳”（Prana，瑜伽里用来指“呼吸”和“生命能量”的说法）听成了是“普拉达”（Prada，时装设计师品牌），因为她接触后一刺激远远多于前者。

我们大多喜欢频繁出现的刺激，因为它们提高了我们的预测能力。大量文献证实，尽管人们不承认，但大多偏爱熟悉的面孔而非陌生的面孔，偏爱熟悉的食物而非陌生的食物，偏爱熟悉的东西而非陌生的东西。虽然科学指出了我们对熟悉的偏好，我们听人这么说却总觉得像是受了侮辱。我们明明更喜欢新颖！为了证明人受熟悉事物的吸引，科学家们设计了研究方案，把曝光和刺激分离开来。具体的方法是把参与者放入核磁共振成像扫描仪，向其快速（速度快到意识大脑检测不到）展示一系列的刺激（图片、文字或食物）。之后，研究人员问受试者会从两个选项里选择哪一种刺激（一种是他们之前“见过”的，另一种是新的），受试者选择的是更熟悉的那个。但如果提前告诉受试者哪一个刺激之前看过，他们会说，自己更喜欢新刺激。

如果你看到物品的那一刻跟被问到喜欢哪一种刺激的那一刻之间存在时差，这种实验设置会进一步揭示人们对熟悉事物的偏爱。一天或若干天之后，你会更喜欢出现次数多的刺激。当我们有意识的心理处理过程受到干扰或并不专注时，熟悉会战胜新颖。假如经过一天的工作，你很疲惫，你开始浏览自己的 iTunes（曲目选择有限）——你是不是发现自己更偏爱熟悉的曲调？请记住这个原则，尤其是跟筋疲力尽、精神涣散的人说话。我们总想着用新颖性打动他人，可如果对方的意识处理份额已经用光了，你就要向快速处理的大脑提供信息，而这部分大脑受熟悉吸引。

我们对熟悉的偏好，也叫“曝光效应”，并有若干科学解释。当我们感觉某样东西熟悉，会降低警惕心。唤起水平较低，意味着我们用放松状态对待刺激，带来了愉悦。另一种理论认为，对熟悉的刺激处理起来容易这一点，我们归纳了错误的原因：“既然这么容易看到、听到或尝到，它一定很好，所以我选择它。”基于这些理论，我们可以估计到，与其说是熟悉带给了我们愉悦，倒不如说是准确的预测带给了我们愉悦。而我们把这种积极感受归因于刺激本身。

我曾经帮助一位演讲者做了一场讨论预测数据重要性的演讲，当时这个概念还正处在蓄力阶段。他知道，一部分受众会对这一革命性概念持怀疑态度，所以我们选择从他们认为熟悉的东西入手：糟糕的预测。我们收集了一些预言，比如有人曾预测汽车、电脑、飞机、电话，还有甲壳虫乐队不会大受欢迎。演讲人评论说，从事预测未来这一行当很难。用糟糕的预测开场，调动起了观众的熟悉感，能让他们倾听得更长久些。

思科全球销售及合作伙伴培训的项目经理罗恩·伯恩特（Ron

Berndt）参加了我举办的一个研讨班，将这些指导原则应用到了自己的工作和个人生活当中。在退伍军人日，他受邀在自己的家乡（威斯康辛州日内瓦湖）向大约500名学生、教师、退伍军人及其家人做10分钟的演讲。为了吸引学生，他必须使用他们感觉熟悉的东西。内容太新颖容易招人烦——尤其是学生们根本不认识他。为了向学生们说明退伍军人的重要意义，伯恩特提了一个小小的益智问答：有哪些著名演员在军队里服过役？伯恩特先用说唱歌手Ice-T、演员查克·诺里斯（Chuck Norris）和詹姆斯·厄尔·琼斯（James Earl Jones）、导演梅尔·布鲁克斯（Mel Brooks）及克林特·伊斯特伍德（Clint Eastwood）等人的名字，为学生们做了一定的铺垫，稍后再介绍了若干当代英雄。

回顾一下你自己的内容，问：哪些东西为你的听众所熟悉？哪些东西他们乐于毫不怀疑地接受？找到能确认他们心理图式、减轻威胁感的东西，与之挂钩，这能让他们的关注多停留几分钟在你身上。

打破人们惯于期待的模式

虽然非常熟悉的刺激受到青睐，可过了一阵之后，太多的可预测性也会导致厌倦。可预测性带来的愉悦与新颖带来的意识偏好，这两者之间存在此消彼长的张力，为缓解这种紧张局面，我们必须打破受众惯于期待的模式。

贝宝（PayPal）的创始人之一、企业家彼得·泰尔（Peter Thiele）宣布设立奖学金，给20个孩子发放10万美元，以追求可以改变世界的创新，条件是他们辍学。这引发了很大的轰动，因为他打破了我们认为正规教育很重要的既定心理图式。

意外就是背离预期模式。

为了背离模式，我们必须首先确定人们认得出来的模式，接着再稍做修改。想想蒙娜丽莎。这幅画你一辈子看过许多次（画作本身或是照片），如果你再看到它一次，不会感觉意外。如果你想通过蒙娜丽莎让人感到意外，那就必须打破他们的期待。我们可以在任何搜索引擎里输入“蒙娜丽莎修改版”，会发现“猪猪小姐”（Miss Piggy）、劳拉·克劳馥（Lara Croft）、憨豆先生罗温·阿特金森（Rowan Atkinson）、圣诞老人、终结者、白雪公主等戏仿的蒙娜丽莎。我们还可以看到穿着不同服装的蒙娜丽莎（打扮成埃及艳后的蒙娜丽莎，骑自行车的鸡仔蒙娜丽莎，跳肚皮舞的蒙娜丽莎），佩戴不同头饰的蒙娜丽莎（戴着太阳镜、叼着香烟、顶着尖耳朵、戴着防毒面具、粘着小丑鼻子、抱着肥猫、打着发卷，甚至秃头）。我们甚至看到坐在轮椅里的蒙娜丽莎：这幅图来自一家残疾人组织的广告活动。如果我们对这幅经典画作没有初始图式，上述一切都不会让我们感到意外。故此，不妨向你的受众呈现某种既能预料到却又出乎意外的东西。

我和通用电气软件公司的副总裁比尔·鲁斯（Bill Ruth）合作设计演讲内容。他运用消费者互联网（现有图式）的概念并将之加以修改，给我留下了很深的印象。他这样说："20 世纪 90 年代，消费行业把数十亿人连接起来。现在想想看，要是 500 亿台机器接入网络，会发生什么样的情况。联网的机器变得比联网的人还多。这将改变所有行业的运作方式。这将改变所有工业产品或服务的交付和管理方式。"这种方法管用，因为它建立在人们已知的东西上，又把他们带上了一条新路。

你可以通过破坏各种图式来制造意外。以语言图式为例。看看下面这句话：

The old man the boats. *

这叫作花园小径现象（garden-path phenomenon），它用词汇的常见阐释把你带上一条岔路，最终打破了语言图式。你必须重新读它，直到成功处理，把它放到现有的期待当中。

再想想社会图式。在别人期待握手时给他一个拥抱，对方肯定

* 这句话的意思是，"老人驾船。"主语是"The old"，"man"在此处为动词，而不是常见的"The old man"作为主语。这句话是为了引出之后的介绍。

会感到意外。创建视错觉（比如一幅图里有不同的画面）也是背离感知模式的例子。去看看查尔斯·艾伦·吉尔伯特（Charles Allan Gilbert）的画作《一切都是虚幻》（*All Is Vanity*），你会先看到一个骷髅，接着在同一幅图里，你又辨认出一个女人坐在梳妆台前。

我们还可以通过背离文化规范制造意外。例如，音乐理论科学家想要看看来自不同文化的人对不同的音乐图式是否存在不同的期待。在西雅图华盛顿大学，一些研究人员给志愿者听连续的曲调，请他们预测旋律接下来的调子会是怎样。他们比较了来自德国、匈牙利和美国听众的结果，发现三群人存在明显差异，表明心理表征受到文化背景的影响。

你能想到用什么样的方法，让你的沟通资料背离语言、感知、文化或社会图式，出乎听众们的意料呢？

打破神圣规则

另一种制造意外的方法（并通过预测失误吸引注意力），不光是要打破模式，还要打破人们眼里的神圣之事。举例来说，你或许听说过画家欧仁·德拉克洛瓦（Eugene Delacroix）1831 年完成的画作《自由领导人民》。这幅画描绘的是法国大革命的英雄们，齐聚在自由女神麾下。画中的自由女神尽管裙子撕破，双乳走光，却仍叛逆而自信地站着。她的右手臂向上延伸，持着法国国旗指向光明。这一切很好——可她抬起的胳膊露出了毛茸茸的腋下。这个细节吸引了当时所有评论家的眼球。正常的画作里，女神总是有着光滑的皮肤，没有多余的毛发。评论家们震惊的地方是：这幅象征作品竟然如此的现实主义，女神竟然这么接近自然的女性。不过，这样的缺陷得到了原谅，1874 年，这幅画被热情地迎入了卢浮宫。敞胸露乳的自由女神成了法国的象征，出现在海报、书籍封面、邮戳等各种地方。

美国象棋奇才鲍比·菲舍尔（Bobby Fischer），是个出名爱打破神圣规则的人。在一场国际知名的比赛中，他下出了史称“Be6”的大胆一招，牺牲了王后，赢得了棋局。

任何行业都有自然的周期：专家建立规则，从业者遵循规则。但到了某个时间点，就会冒出一些人来打破部分规则。不寻常的方法发挥作用，直至成为新的规则。就商业内容而言，列出要点的做法一度占据统治地位。如今，我们正朝着用视觉形式表达的方式转移。起初，鲜艳的颜色占主流——直到有人开启了一股黑白加少量强调色的趋势。一开始人人都爱用锐利的图像，过了一阵，像素画变成了有趣的效果。

你的领域里存在哪些神圣规则呢？你可以打破什么样的神圣规则，通过意外吸引关注，在受众的记忆里获得他人无法争夺的地位呢？你愿意牺牲自己的“王后”吗？

并置看似无关的现有图式

音乐家兼诙谐文学家彼得·席寇（Peter Schickele）用体育赛事的转播形式，把人们非常熟悉的贝多芬第五交响曲形容了一番。这场“体育赛事”有一群欢呼的观众、一名裁判和两名评论员。交响曲一开始，就是人们都听得出来的4个音符，“当当当当”——一位评论员说，“接着它就停下了。交响曲的开头叫人非常兴奋。我不知道它是快是慢，因为它一直停着。感觉就像是……嗯，就像是我们朝着抑扬顿挫走去，伙计们……”这些评论跟棒球比赛的解说很像，这两个熟悉且不相关的领域（古典音乐和棒球）给我们带来了两方面的愉悦：首先，这两个领域都是可预测的；其次，它们结合起来带来了新颖与意外的效果。

如果商务演讲人能成功地把没有关系的现有图式结合起来，受众会给予更多的关注，记得更清楚。例如，我们帮助一家公司推广其数据分析服务以求实现收入增长。一开始，我们比较了电灯泡和激光。在演讲稿中，我们提到：“灯泡放射出多个频率的光波，光波随机四散发射，效率低下。如果墙上挂个小电筒，白天几乎就看不见它在发光。对比来看，激光只射出相同频率的光波，它们朝着同一方向前进。激光束在白天也能照亮整个房间，它读取光碟，切割铁墙，进行脑部手术，甚至测量到月球的距离。”接着，我们问受众，他们的公司像不像灯泡，有很多杰出的员工，可大家朝着不同的方向努力，独立运转。我们请他们设想有一家组织在运作上更像是一道激光：专注、同步、有着难以置信的潜力。要达到这种状态，办法是采用恰当的数据分析。将灯泡/激光和数据分析的概念并列起来，让人觉得新颖，哪怕这两个概念大家早已熟悉，也很容易辨认。

寻找熟悉的东西，
玩出新花样。

把信念和工具挂钩，迎合期待

意外是期待的一项变量，人们形成的期待跟自身信念是挂钩的。基于信念的期待非常强烈，能变成自圆其说的预言。这一点，在许多不同的环境下都得到过检验。相信自己能在学校里出类拔萃的学生，一般都出类拔萃。相信自己能把工作干好的人，一般都能把工作干好。相信自己人缘好的人，一般人缘都挺好。这也就是说，如果我们把内容和受众的现有信念挂钩，就能提高其行动的可能性。

除了强烈的信念，我们还常常用工具巩固自己的期待。好运符、吉兆和幸运袜为什么大多能自圆其说、自我验证，原因就在于此。科学证明，这不是魔术。研究人员考察四叶草、马蹄铁、骰子和幸运数字等“工具”的心理影响时意识到，它们之所以有效，原因之一就在于减少了焦虑，而焦虑对绩效有着负面作用。从这个角度来看，在面试时穿幸运袜确实很有帮助。

大脑把期待变成自圆其说的预言，安慰剂是另一个例子。大量研究表明，服用安慰剂的患者报告说，服药之后，自己的疼痛、焦虑、抑郁、性功能障碍、消化功能紊乱、失眠，甚至帕金森症的震颤等症状出现明显好转。这些情况的共同点是，它们影响了大脑生成信念和期待、阐释社会线索、预测奖励的区域。利用磁共振成像和脑电图技术，科学家们得以落实安慰剂的神经学基础。我们前面看到，面对痛苦、恐惧或压力时，大脑会产生名叫“阿片剂”的镇痛化合物，安慰剂很擅长激活它们。这些本身并无药效的药丸触发了大脑里负责评估事件意义和潜在威胁的区域。如果你听到警报，看到烟雾，你知道：发生了某些不好的事情，你要准备逃命。它的作用和疼痛一样。安慰剂治疗对准了大脑里指示行动路线的系统。

安慰剂肯定存在局限性，例如：它们能缓解化疗带来的疼痛感，却不能阻止肿瘤的生长。真正的药物和安慰剂并不互相排斥。安慰剂为真正的治疗铺平道路，而真正的治疗也需要期待的力量。

设计任何消息都要考虑受众期待。把你的想法或解决办法跟人们现有的希望、信念捆绑在一起，或是为将来设计新的乐观信念。此外，提供能充当催化剂的工具，让受众的大脑释放天然的力量，去预见一条更好的道路。你会惊讶地发现，哪怕是极为廉价的工具，也能点燃人们对更美好未来的期待，让人们从 A 点前往 B 点。舒洁用的是面巾纸。在其他商业环境，我们可以提供核对清单、简短的操作方法视频、免费软件或试用软件，帮助受众在听完你的讲话之后执行一桩简单的任务。只要你知道怎样接通大脑，大脑自然会调动自己掌握的多种资源，把你带到终点线。说到底，症状的缓解是来自假药丸还是来自好心肠的医生，患者并不怎么在乎。他们想要的是期待的好转。

期待＝信念＋工具

期待也有助于在你的内容和受众真正喜欢的东西之间建立强关联。这是因为，喜欢迎合了人们对未来的正面期待。举例来说，在推广药品的时候，广告商天才地把服用特定药物的好处跟一种能带给人满足的生活方式联系起来。

宣传胃酸逆流药，营销人员不光会展示产品，并介绍说，“服用此药，可缓解症状。”相反，盛世广告公司还把药物跟生活中能让人感受到安宁的方面联系起来：“到了陪伴孩子的时间吗？或者，你想缩在沙发里读一本好书？看你最喜欢的电视节目？这颗紫色小药丸，能帮助你摆脱胃酸反流。”接受采访时，盛世广告说，昂扬进取的联想，有望迎合人们的期待，激活安慰剂效应。万艾可的广告甚至都不出现男人。它拍的是，美女躺在一张舒服的床上冲着我们说话。

最近，为 ESPN 做演讲时，我有机会跟纳塔莉·博尔德（Nathalie Bordes）共事，她是专门考察营销及消费者洞见的新兴平台研究员。博尔德从最近一次的会议上发现，自己的受众对数据怎样为营销决策提供支持很有兴趣。于是，在她的演讲中，我们展示了她怎样委托得克萨斯州奥斯汀的 MediaScience 实验室，设计多种媒体的对照测试环境，使用诸如反应时间、眼动追踪、面部编码、生物识别、调查问卷和焦点小组等科学工具及测量方法。她很轻松地就调动起了受众的关注，因为她从他们本就有兴趣的信息入手：使用数据来测量营销绩效。

把你的内容跟昂扬的联想挂钩。

继续提升你的内容

我们的大多数行为，在感觉良好的愿望下得到了助推。一如我们在本章所见，可预测性和意外两相结合，能让听众感到愉快。然而，每次你为受众带去意外，而且结果令人愉快，你都是在帮他们确立起新的期待，也就是下一次他们见到你时可能会碰到什么样的新情况。这意味着，如果你每一次都选择提供意外，提升熟悉度，他们下一次就会开始对此有所期待，以求保持满意。

20 世纪 20 年代，科学家奥托·L. 汀可帕夫（Otto L. Tinklepaugh）在加州大学伯克利分校用恒河猴进行了一系列实验。最出名的一项实验是，他训练猴子找到藏起来的一片生菜。实验过程具体如下：猴子坐在椅子上，看着研究员把生菜藏在两个杯子之一下面。接着，把猴子带出房间，等把它带回来时，它会用上 3～4 秒钟，直接扑到藏有生菜的杯子下面，吃掉菜叶。接下来重复实验，这一次把香蕉藏在两个杯子之一下面。研究人员观察到，猴子看到藏的是香蕉，积极性提升了。现在，猴子心里期待着香蕉，而研究人员却把生菜放到杯子下，观察猴子的反应。他记录道："被试（猴子）冲到正确的杯子跟前，把它翻开。它朝生菜伸出爪子。它停了下来。环顾地板四周。它朝杯子里头看，朝杯子下面看，朝杯子周围看。它朝其他杯子瞥了几眼。回头看着屏幕。朝着自己上下看。它朝着在场的观察员看，还对着他们尖叫。它走开，把生菜留在地上，动都没动过。"

等你的观众习惯了特定的体验和期待，如果你仍希望他们感到意外、感到满意，那就要准备好维持甚至提升体验和期待的水平。

如果他们期待香蕉，可别拿生菜糊弄他们。

要点

- 我们的受众形成期待，以便对下一刻进行预测。如果你给了他们期待的东西，你就满足了人对准确预测的需求，从而令人产生愉悦感。
- 受众根据自己所关注的东西、对过去体验的记忆，以及一路上形成的动机、情绪和信念，基本上无意识地自动形成期待。为获得关注，把你的内容和对美好未来的现有信念挂上钩，并为受众提供有效的工具（如核对清单、指导视频、免费软件试用等），在他们消费了你的内容之后可以方便使用。
- 可预测性太强会带来厌倦。为受众提供他们期待（也能预测）却又出乎他们意料的东西。在语言、感知、文化或社会模式上，去打破惯例。
- 并置看似无关的现有的图式来制造意外。
- 继续提升你的内容，以求迎合受众对满意体验日益增大的胃口。

第六章　怎样制造和引导预期

普利策奖获得者、诗人卡尔·桑德堡（Carl Sandburg），在北卡罗来纳州一座农场度过了人生的最后岁月。著名记者爱德华·默罗（Edward Murrow，你或许还记得他做节目时的招牌口头禅“晚安，好运”）拜访了桑德堡，这两个热爱文字的人做了一场颇具刺激性的交谈。在采访的最后，默罗问诗人：

“桑德堡先生，英语里最最丑陋的字眼是什么？”

“最丑陋的字眼……？最丑陋的字眼……？呃……呃？最丑陋的字眼……？”

大多数书籍和网站在揭晓桑德堡的答案之前，做了不少细节铺垫。有一篇文章说：“诗人皱起眉头。他拧着眉头思考了一阵。在一番意味深长的长久停顿之后，桑德堡眼睛一亮，视线转回记者身上。”另一篇文章则说：“桑德堡沉吟了好半天，缓缓地反复咀嚼这句话，‘英语里最丑陋的字眼……最丑陋的字眼……’”还有一篇这样写道：带着一贯的幽默和做作，聪明的诗人深思良久，似乎是在自己丰富的词汇量里搜寻合适的答案。他的脸上露出一个古怪的表情，摸着下巴，若有所思地说，“最丑陋的字眼……？最丑陋的字眼……？英语里最丑陋的字眼是……‘独家’（exclusive）。”

可不管你读到的这个故事是怎么讲的，它恐怕都不是直截了当地把答案摆出来：“在接受记者采访时，卡尔·桑德堡说，英语里最丑陋的字眼是‘独家’。”叙述里的省略号，心理意象，修饰用的限定词，漫长思考过程的细节……所有这些都吸引着我们，因为它们制造出了一种预期的愉悦感。如果我们认为主题相关，并预期有着丰厚的奖励，我们就会动力十足地徘徊在文字当中；故事邀请大脑思考接下来会发生些什么，把它从被动转为主动。人一变得主动，就会感觉跟自己所见的东西关系更紧密，而这种关联带来了愉悦。

跟预期相关的优点很多：它提供了线索，暗示有趣或者重要的事情即将发生；它带来了注意力、记忆和行为决策的改善。我们很有必要理解预期，学习怎样为听众制造预期，变得不容忽视。

接下来总是有事发生。

你能不能让别人为之感到兴奋？

预期是检测心理模式或图式的出色实验室，通过它，我们知道怎样调整行为，以求未来做出更好的选择或期待。假设你看到一篇题为《那些你以为来自法国其实不然的东西》。你从文章中了解到，羊角面包来自奥地利，法压咖啡是意大利专利，法式辫子起源于希腊，法式美甲是美国设计师创作的。接着，你在另一个场合，发现俄罗斯套娃（就是一层套一层、一个比一个小的空心娃娃）起源于中国，经日本人山寨后才来到俄罗斯。再换一个场合，你听说幸运饼干跟中国毫无关系。随着时间的推移，你开始形成一种新的图式，“文化上找错了源头的东西”。等以后你再听到有人说，“这东西起源于我的祖国”，你或许会怀疑这种说法，不会立刻信以为真。

依靠预期，我们得以准备自己的关注和唤起状态，恰到好处地运用精力，毕竟，如果没什么大不了的事情发生，就没必要兴奋，完全出乎意料或许也不是特别有利的事情。在预期状态下，海马体也“充血”了，从而促进了学习和记忆。

预期准确，不光带给了我们生物和认知优势，也带来了竞争优势。比方说，经验丰富的运动选手，不管是棒球、拳击、羽毛球、网球、壁球，还是空手道，成绩都比新手更好，因为他们擅长预测对手接下来的动作。体育心理学家认为，这些运动员不折不扣地“扩展了当下”。20 世纪 70 年代世界顶尖运动员，罗马尼亚网球明星伊利耶·纳斯塔塞（Ilie Nastase）据信就是靠着“制造时间”来打球。这是长年累月练习的结果——把技能变成了自动化行为，实时地检测对手相关信息。

基于预期的这些优势，让我们来看看有哪些实用方法可以为受众创造预期，影响他们在 B 点注意线索、搜索记忆、执行打算的方式。首先，让我们更详尽地比较一下期待和预期的区别。

期待和预期有什么区别?

这个练习略微有点吹毛求疵，因为预期是期待的一部分，两者都跟大脑快进的倾向相关。为了便于讨论，让我们把期待视为对世界的整体信念，它产生隐性知识，告诉你“接下来要发生点什么事情了”。预期是有意识地思考接下来要发生些什么，并为之做准备。期待在后台运作，是通用的，预期则提出了一个具体的瞬间。举个例子：假设你在一家餐厅，抿了一口玻璃杯里的酒。等服务员来拿走杯子的时候，你懊恼最后几滴酒还没喝完。它扰乱了你的预期。但如果服务员突然把咖啡洒在了你的膝盖上，它就扰乱了你的期待。

让我们从受众的视角应用预期与期待这两个定义。人们听你说话的时候，根据他们以往对类似情况的知识、经验和记忆，在脑海里掂量着若干可能性。凭借预期，你帮助他们放大了具体的某种情况。一如本章接下来所讲，为获得最大的影响，你要提升他们对这一可能性的兴趣。毕竟，“甜蜜的预期”可不是个没根据的说法。

用预期和情绪影响行动？

预期与期待最重要的不同在于，预期能唤起情绪。“我期待飞机10点着陆”和“按照预期，我的爱人将搭乘该次班机抵达”完全是两回事，让你动身去机场的，恐怕是后者。预期邀请他人想象未来怎样展开，能够影响他人的感受方式，促使其做出决定。

“想象”，是制造预期和情绪的一种有力方式。请看以下信息：

> 想象在一个世界里，所有的孩子都拥有一台显微镜。
>
> 想象一下，你摆脱了周围的所有监控设备。
>
> 请想象一条龙。

一般性期待是看到未来（比方说，“对商务会议的期待也就是这样了”），预期则是感受到将来（比如，“有三个原因，值得让你为下一次会议感到兴奋”）。充满想象力的想法激发雄心，但充满想象力的情绪促使人采取行动。因此，预期是更强烈的期待，是叫人准备行动的强心针。请注意，看看你读到以下信息大脑里会发生些什么：“2012年10月，东马萨诸塞州红十字会CEO杰瑞特·巴里奥斯（Jarrett Barrios）决定接受训练，参加人生第一场马拉松。而他准备参加的比赛，是2013年那场悲剧的波士顿马拉松赛，杰瑞特会止步于 25.8 英里处。下面就是杰瑞特在那一天里的故事。”你会注意到这一意外线索，并全神贯注地准备看接下来要发生的事情吗？这些调动预期的言语，不光涵盖了事实，还触发了让我们专注于内容的情绪——哪怕我们可能会分心，也能保持较长时间的专注。

预期是根据期待展开行动。

创造预期时，我们为什么要注意把情绪包含在内呢？因为人们并不单纯基于理性采取行动；他们根据理性和情绪采取行动。我们提前分享的会议日程组织得当，难道就值得人们去参加吗？不，因为人们并不单纯基于理性采取行动；他们根据理性和情绪采取行动。

情绪是决策的工具。著名神经学家安东尼奥·达马西奥（Antonio Damasio）曾描述过大脑情绪处理区域受损的患者病情。情绪处理区域受损，让这些患者一做决定就陷入瘫痪状态。身体健康的人在编码时用情绪作为标记，这样检索起来更容易，而大脑受损之后，任何选项看起来都差不多。哪怕是诸如选择吃什么东西、穿什么衣服这类琐碎的事情，也变得极为麻烦。问题的一部分原因在于，对未来结果带来的感受，让这些患者无法产生预期：“选择鸡肉的话，我感觉是好还是坏呢？”哪怕他们从思想上意识到了负面结果、能够成功通过智商测试，仍然无法做决定，因为他们体会不到各种结果带来的感受了。

对于未来，我们不光是想，更会感觉。在跟麦当劳副总裁维多莉亚·格斯特一海因斯（Victoria Guster-Hines）合作期间，我们之间开展了一轮集思广益活动，讨论怎样在她论及来年若干商业驱动力的演讲中整合预期。你很可能会忍不住一头扎进事实当中。但我们的做法与此相反，先花了几分钟用情绪塑造预期，让受众稍后去感受事实。

她从自己的家族故事着手，分享了家庭活动（包括她跟 70 人共进的一次早餐）的照片。她说，看着这些照片，叫她不禁想起，“你所出身的家庭，跟你即将建立的家庭同样重要”，然后顺理成章地过渡到她为之效力的“麦氏家族”（McFamily），这个大家庭负责执行新的业务驱动项目。注入情感的简介只用了 2 分钟，但这 2 分钟锁定了之后 20 多分钟里受众的关注力。

用预期和多巴胺影响受众的下一步

到目前为止，我们了解到，预期有一份光鲜的“履历”：它能带来更清晰的对焦（注意到线索），改善认知，更快做出反应和决策。为什么预期对我们的大脑有着这么大的影响力呢？这一力量根植于它的能量“来源”：多巴胺。模拟未来的时候，我们会寻找奖励，神经科学家证实，有望带来奖励的刺激所唤起的神经活动，跟奖励本身触发的神经活动是一样的，这一结果，在动物和人类研究里都得到了肯定。光是看到电视机遥控器，就能让我们产生预期，想起把遥控器抓到手里之后能看到的各种好玩节目，从而让人兴奋起来。

回报预期带来了多巴胺高峰。

如果我们知道多巴胺是怎样释放的，就有机会影响听众对线索的关注，以及他们依照我们所说采取行动的动机和动力。让我们对动机来下一个定义：它是人们愿意付出努力，以求获得奖励、避免惩罚的精神状态。神经科学的研究证实，多巴胺激增的时候，人会有更强的动机采取行动。

通过一套名为“多巴胺系统”的神经元系统，多巴胺从大脑的一个区域传送到另一个区域。该系统的一条分支延伸到额叶皮层，影响思考和短期记忆等认知功能。另一条分支进入负责运动控制的纹状体。还有一条进入大脑边缘系统，这里是我们的奖励中心，也称为情绪大脑。多巴胺神经元释放出重要事件的发生信号，助推保持参与的动机，学习有意义的模式，最终获得预期奖励。

许多跟多巴胺相关的研究都认为它跟积极体验存在关联。参与积极体验的神经生物学机制一般包括如下要素：渴望、喜好和学习。以巧克力为例。渴望意味着获得它的动机。喜好是我们吃它所得到的愉悦感。学习包括过去经验带来的联想，帮助我们预测同一刺激带来的下一轮体验是否感觉同样良好。一旦我们理清了头绪，就会回过去观察事情，从中提取意义，评估预测准确性。研究表明，哪怕是抽象的愉悦，如完成了项目，欣赏绘画，听音乐，或向他人分享观点，都能跟基础感官愉悦（如吃甜食）一样，生成同样强烈的愉快体验。

神经学家已经破除了传统观点的迷思。传统观点认为多巴胺介导了喜好（或我们从奖励中所得到的主观愉悦）。举例来说，研究人员观察到，就算是多巴胺严重耗竭的帕金森症患者仍然喜欢甜食。换句话说，无需多巴胺，我们仍喜欢巧克力。但我们需要多巴胺去得到巧克力。

为什么创作内容的时候，我们应该考虑多巴胺呢？这是因为，多巴胺的存在，提高了人们拥有足够动机、注意到线索并采取行动以获得许诺奖励、然后再回来找我们的概率。

帮助人们把奖励预期转换成获得奖励的动机。

生成多巴胺的实用方法

到目前为止，我们知道了两件事情：（1）如果存在预期回报，人们会注意到它，并愿意付出一定的努力获得它；（2）如果存在令人愉快的意外奖励，多巴胺会分泌得更多。让我们看看怎样把这些发现付诸实践。

帮助听众准确预期愉快的回报

当人们预期回报的时候，多巴胺神经元会点火启动。这很有用，因为你要依靠观众付出一定努力（比如打算参加你的会议、演讲、训练课程或点击查看你的内容）去获取你许诺的东西。

什么东西会让人们觉得充满激励，愿意为之行动呢？为回答这个问题，要先问另外一个问题：什么东西能推动你采取行动呢？你随时都有同样强烈的动机吗？行为和神经科学的研究结果表明，我们的动机强度随心情起伏波动。我们饿了，食物就诱人，我们愿意付出极大的努力得到食物，可要是肚子胀鼓鼓的，它就不那么重要了。为创建预期，我们必须去寻找跟当前心智状态相关的奖励。

触发行为的动机程度也跟个人特质（有些人天生就有点拼命三郎式的干劲）、压力、睡眠不足，甚至决策时的药物摄入状态有关。比方说，有些本来就在服用某类药物（如安非他命）的人更容易保持动机追求奖励，因为他们的多巴胺水平本来就够高。在这种情况下，已知的奖励并未改变，但去做某件事的动机强度发生了变化。总体而言，情绪波动让预测人们接下来想做什么变得更棘手了。

跟奖励相关的知识不是动机。

诚然，如果我们饿了、紧张或是睡眠不足，或许没有太强烈的动机要去做事，但我们不妨把这些状态视为规律的例外。既然我们知道大脑在不断寻求奖励，那么，让我们看一看，在设计内容时，有什么样的实用方法可纳入奖励及奖励的价值。人们对奖励是怎么看待的？他们怎样为奖励分配价值？

我们分配给奖励的价值来自为获得奖励所付出的努力（身体、精神或财务上的），来自风险，来自获得奖励之前的延迟；价值还取决于我们为这些奖励所关联的社会影响。尽管研究提醒我们，饮食、睡眠、性、趣味、娱乐和休闲都是强烈的动机因素，可从业人士马上会问，“我的内容是为工作目的创作的，该怎样把这些动机反映到内容里呢？”有人甚至可能会说，“我在面向企业的大数据演讲里，真的没法提什么性或食物呀。”

研究人员阿德里安·高斯蒂克（Adrian Gostick）和切斯特·埃尔顿（Chester Elton）调查了来自不同国家的 85 万人，以了解人们在工作时的动力，专注的员工和混日子的员工有些什么区别。他们的清单里把人分为五大类型（成就者、建设者、照料者、奖励导向者和思想者），动机总共有 23 种。成就者认为以下方面奖励性强：挑战、精通、主人翁意识、压力和解决问题。建设者认为以下这些因素是奖励：培养他人、友情、目标、服务、社会责任和团队合作。照料者的动机来自共情、家人和趣味。奖励导向者为金钱、声望、认可和自主性感到兴奋。思想者以创造力、兴奋感、影响力、学习和多样性为动机。在为任何信息制造预期的时候，我们都可以考虑使用这份清单（更多细节请访问网站 thecultureworks. com）。它之所以有效是因为，不同物品内嵌的动机，对不同类型的人有着不同的驱动力。

比方说，你发布了一项自动化营销方案，希望延揽营销人才。你可以根据所期待参与者的类型、他们认为什么是奖励来定制预期信息。这一技术能让他们准确地预期奖励。

针对以学习为动机的思想者：

“加入这一项目，学习自动化行销四大技巧。”

针对以认可为动机的奖励导向者：

“参加这一项目，能成为一流自动化营销人才。”

针对以挑战为动机的成就者：

“挑战自我，学习最新的自动化营销技术。”

商务沟通人士有时会想，“如果我告诉别人接下来的对话、会议或演讲中会发生些什么，这难道不是把它搞砸了吗？”提前接收到丰富的信息，并不会让人失望。这是因为，接下来会发生些什么的证据，能对人的力量感产生影响。举个例子，有一项研究请参与者彼此互动；在互动之前，对话搭档会发送一些信息给他们，从而为搭档是什么样的人制造预期（如，外向、友好、充满活力、爽快等）。部分参与者没有收到这一信息。提前收到这一信息的参与者报告说，自己感觉被赋予了力量。此外，研究还检验了相反的情况：提前发送模糊信息，会导致乏力感。人们感觉需要控制自己的环境，而力量感意味着拥有足够的资源采取行动。

提前掌握有关他人的信息，是力量的来源。

为不确定性预留空间

我们讨论了通过观察奖励相关的激励（动机）功能，帮助他人进行准确预测。这一视角很有帮助，因为它减少了预测失误；一般而言，人们想要感觉到“一切尽在掌握”，如果要他们付出努力去追求的话，他们希望能预测将来的奖励。不过，神经学研究提醒我们，奖励和新颖性存在功能和解剖上的重合部分。大脑预期奖励的区域，跟处理新颖性的是同一区域。新颖性有着内在的奖励特点，面对不确定性，预测失误的幅度会叫人们释放出更多的多巴胺。

新颖性预期还能激活海马体，这意味着，这些新东西更容易进入长期记忆。例如，一项功能磁共振成像研究向参与者展示了线索，它们能预测图片是新颖还是熟悉，预测准确度为75%。帮助参与者产生新颖图片预期的线索，比跟熟悉图片相关的线索，更能激活大脑的奖励中心。换句话说，对新颖性的预期，就跟对奖励的预期一样，叫人感到舒服。当新颖感觉像是奖励，我们会更有动机去探索包含了新颖刺激的环境。这种探索行为能带来生物学优势，比如动物为了寻找食物探索新地区，商务人士为了创业探索新领域。

从某种意义上说，我们面对的是一个悖论：一方面，我们想要帮助人们准确预测我们的沟通内容；另一方面，我们又希望提供新颖性，触发更猛烈的多巴胺喷射。音乐作曲家和认知心理学家大卫·休伦（David Huron）对怎样调和这两个角度提出了切实可行的建议。我们把他的观点稍加调整，放到了一般的商业沟通背景下：假设你正根据一系列信息要素创作内容，这些信息要素，可以是推广活动的一部分，一场演讲的片段，一场活动中的若干次演讲。假设你让所有要素都以同样的方式呈现，那么整个序列就是这样的：AAAAA。这能带给你的听众极大的可预测性，因为一旦他们检测出了模式，他们就知道接下来该预期些什么，并肯定自己能够得到(故此释放了多巴胺)。然而，过了一段时间，人们开始感到无聊了。与这种技术相对的做法是ABCDE序列，每一个要素都跟前一个不同。这意味着，大脑必须要等到E点结束了，才能理解接下来会发生些什么，这种缺乏可预测性会让人感到不安。

更好的办法是从熟悉的要素开始，引入新要素，加上一定的重复，让人们逐渐熟悉，接着再转向另一个新要素。来自巴西圣保罗的音乐家德米克里·科曼（Dmitry Kormann）观察作曲家伊戈尔·斯特拉文斯基（Igor Stravinsky）怎样在自己的经典作品《春之祭》（*The Rite of Spring*）创造势头。斯特拉文斯基会向前走几步，再退后一步以引入新元素，接着回到某种稍加调整但又熟悉的东西上，接着重新引入较旧的元素。节奏在现有模式和新颖事物之间反复推进。请看下图：一些形状保持不变，引入一些新形状，接着回归经过修改的旧形状。请注意，每当出现新东西，都会伴有一些熟悉元素。

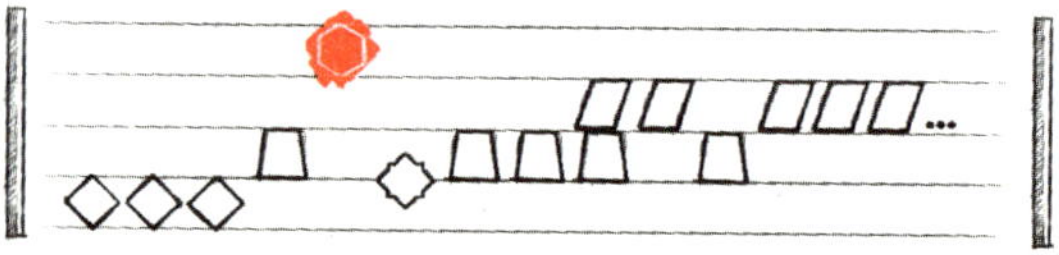

可预测性与新颖性的混搭

对你自己的内容进行分析，你的序列是什么样的呢？你的内容是从一个要素直接切入另一个要素，还是先回到中心思想上？**不妨将更大块的内容和较小块的熟悉内容穿插交替起来。**

我们可以根据来自品牌名的准确预测和新颖性来学习最优内容序列。品牌名称是一种预期形式，因为我们依靠来自过去的反馈循环来帮助预测未来的体验（我们再次使用该品牌时，我们预料到它的体验会差不多)。巴宝莉(Burberry)有着广为人知的标志性方格图案，它是一个很好的例子，说明怎样忠于自身历史，同时允许出现新设计。例如，你仍然可以买到它的招牌米色风衣，但巴宝莉早已从服装产品线扩展开来，还包括香水和化妆品等。就算你买不起外套，还可以通过数字媒体发送“巴宝莉之吻”，或是在逛门店时听它旗下的新歌手。该品牌不断地将新老元素融合。

我曾经跟一家技术公司的CEO合作一场演讲，该公司生产会话边界控制器、多服务安全网关和会话路由代理。这些东西绝非火辣性感的主题，但我们宣布，演讲要讲的是市场的混乱，以及该公司怎样把持了应对电信行业新趋势的最佳位置，成功地制造了预期，吸引了关注。此前的高管演讲已经发布过了重要的市场趋势，于是，为了打破人们对业务内容的预测模式，CEO穿插了自己带着儿子参观佐治亚州萨凡纳铁路博物馆的故事。CEO把自己年幼的儿子和老火车的照片并排放在一起，指出自己的公司正处于过渡状态，而置身其间的时候，你并不知道自己所经历的就是历史。每当CEO引入了新信息(如移动性、OTT应用程序、统一通信、云通信、服务多样化等趋势)，他就会用个人故事回到相同的主题：为新旧过渡做准备，保持高度相关。这让受众享受到了一场精彩的混搭：内容既可预测，又出人意料。

用不确定性制造预期的技巧

在沟通中提供少量不确定性是有效的手法，因为面对意外事件，多巴胺会激增。一般而言，不确定性让我们感到不安，这就是为什么它常被称为“紧张”（tension，或张力）。我们可以容忍一定的紧张，只要（1）我们知道它的程度；（2）事先有人提醒过我们最终结果的重要性；（3）我们可以容忍一定的延迟，直至结果最终实现。让我们来看看与这三点相关的实用技巧。

1. 不确定的程度

比较如下两份邀请：“星期二跟进状态。我们正朝着前三项任务努力，但现在我们需要讨论第四项任务了。”再来看看：“你绝对不敢相信我们在上次任务审核时发现了些什么，它对你项目的最后里程碑大有影响。”不过，只有当事情是真实的，你才能使用这一手法；不要光顾着煽情下空诱饵。

不确定性有可能源自一种局面下的两个要素，“什么”或“何时”。也就是说，在创建暗含预期的信息时，你可以对其进行操纵。想想看，你告诉伴侣“我今晚有个惊喜给你”，对方会怎样？你透露了“何时”，但“什么”仍不确定，故此引发了多巴胺激增。如果你的老板说，“我们为你提供了一笔小小的奖金，这个季度你就能收到。”你也会感到预期的力量。你知道了是“什么”，却不知道具体是“何时”。

2. 潜在结果的重要性

在我们预期事件的时候，大脑往往会有意无意地估计最好和最坏的结果。举个例子，你肘关节疼痛，按你的估计，最好的结果是有点炎症，用点布洛芬就能消下去；最坏的结果是韧带撕裂，要做手术。你是否打算去看专科医生，取决于正常运作的肘关节对你来说有多重要。如果你是个狂热的网球选手，你会大费周章地去看医生，哪怕你预期诊断出来的病情轻微。如果你的主要活动是步行或徒步旅行，那么，肘部手术的预期说不定并不会让你太过烦躁，除非它开始妨碍到其他重要的活动，比如刷牙、抱孩子。

回顾你自己的信息。当你为即将到来的事件建立预期，不妨从听众的角度问问：有哪些潜在结果？它们的重要性怎样？最好和最坏的结果有多大的区别？举例来说，如果你想制造预期，吸引人们参加会议，那么，潜在的结果可能是：他们非常喜欢；他们有点喜欢，但有些环节很枯燥；他们认为所有的环节都很枯燥，但还好活动为他们建立了有益的人际网络；他们十分讨厌它，甚至认为是浪费时间。为尽量缩小最好与最坏结果之间的差距（“非常喜欢”VS.“十分讨厌”），组织会议的人有若干选项。例如，把活动安排在非常规的场合，不是例行的会议中心或酒店（可预料）。假设商务活动在旧仓库、飞机库、博物馆、植物园，或按 19 世纪风格复原的帆船上举办。这些都是很有创意的环境。就算内容不够吸引，人们仍有可能记住这次经历。

有时商务活动的主要目的，仅仅是邀请掌握了业内技能的宾客聚会，活动的具体内容反而无关紧要；这是主办者邀请人们想象最佳结果的另一种方式。举个例子，来自奥兰多的画家罗科·迪马克（Rock Demarco）能在 10 分钟里画出任何东西。想象一下，他用最短的时间把你公司 CEO 的肖像，画到了一张摇滚乐专辑上。此外，迪马克还戴着一只特制手套，5 根手指是画笔，能射出激光。多伦多街头画家大卫·约翰斯顿（David Johnston）用粉笔在现场活动上绘制现实风格的作品。他画的是能让你产生错觉的三维场景，比方说在平坦的街道上画一排台阶，活灵活现得让你感觉仿佛能顺着台阶往下走（哪怕路上没有"下"可走）。法国艺术家安东尼·富尔诺（Antonin Fourneau）会在墙上安装一套由数千枚 LED 灯泡构成的装置，这些灯泡可以用湿海绵点亮。这样，等他操作完毕，就会形成一幅水光涂鸦秀。有些人或许认为这些节目无非是营销把戏，所以，千万要绑定上你希望人们记住的信息。否则，这些活动很容易显得过分肤浅。

办一场不寻常的活动，也不必破费很多钱。在我的一些大脑科学研讨会上，我会邀请参与者进入一个此前从未涉及的领域，他们可以就自己领域内不同的重要主题（如领导力、沟通、冲突管理、销售技巧、营销或人工智能）采访陌生人。有一些最具启发意义的观点，来自星巴克的咖啡师、大学生、游客，甚或酒店员工。

你所在的领域，发生着什么不同寻常的活动吗？你可以邀请到哪些技能有别于你所属团队的人士，为内容增添新的看点，或是提供突破口呢？一旦你发现了能增添见解的宾客或出人意料的场合，就把他们跟提供的价值挂起钩来，设计预期信息，方便你的受众解答如下问题："最坏的结果会是怎样？"

3. 实现结果之前的延迟

影响张力的第三个方面是延迟，也就是说，在结果实现之前所流逝的时间。究其本质，创建任何形式的沟通，都是要把受众从一个状态带到另一个状态。从出发点到目的地流逝的时间可以很短（几秒，几分钟），也可以很长（几个星期、几个月，甚至几年）。电视新闻节目很擅长通过延迟制造张力："接下来的两个星期里，股市会发生些什么呢？你应该照常去度假吗？欲见分晓，请在 11 点收看本节目。"有时候，电视节目制作人会使用铺垫，也即不断宣布之前播出过什么、接下来会播出什么。HGTV 频道的真人秀节目《猎屋高手》（*House Hunters*）讲的是一群人在世界各地寻找梦想住所，你可能会听到这样的旁白：“艾比·戈登还没踏上法国之前，就背下了巴黎地图。她借工作调动之机，来到了这座梦想之城。现在，租房住了 5 年之后，艾比准备好要把自己和这座光彩之城的关系带入新阶段了。她想买一套能反映个人风格的公寓。请观赏本期《猎屋高手·国际版》在法国巴黎发生的精彩故事。”接着，我们会看到若干广告，到了下一幕，我们听到开场的简短总结，然后就看到了艾比到访的第一栋房子。新颖内容＋铺垫＋简短总结前一段内容＋新颖内容＋铺垫……如此反复若干回。

如果主题相关，预期会维持动机，稍后收看节目；如果节目内容用有益的信息释放了张力，我们会十分欣喜，如果节目不能释放张力，我们会大感失望（“我们守着电视就为了看这个?”）。电影预告片也能唤起类似的反应。它们通过延迟创造预期和张力，有时候也很好地满足了预期，释放了张力。如果预告片所说内容刚好挑逗起我们的兴趣，那么，观看完整电影会是一段很好的体验。有时预告片也令人失望：预告片里表现的最有趣场面，竟然是整部电影里唯一有趣的场面。

延迟必须信守诺言，
带来预期的奖励。

在商业沟通上，延迟的长度取决于受众。有时，业务目标受众太忙了，只有很短的延迟才有效。以下略选几例：

你知道有什么人在跟踪你的网上活动吗？火狐浏览器的插件“Lightbeam”能告诉你哪些第三方想要抓取你的数据。它记录你电脑连接的每一个网站——比你原本想访问的网站多得多。接着，它能创建可视化的列表，或钟表状图形，突出显示是什么人在请求获取你的数据。

你厌倦了在城里寻找停车位吗？让手机帮你搞定。这款应用程序完全无须手动输入，就可以自动判断用户何时需要停车，在停车位再次空出时提醒他人。它还可以编程预测司机什么时候要回到汽车旁边，向停车场发送出“车位即将空出”的消息。

张力迅速累积，又迅速释放，它们针对的是忙碌的职场人士，只有几秒钟的时间倾听或阅读短小片段信息。如果你事先知道沟通必须在极短的时间内完成，务必要保证所传递的“揭秘”信息履行承诺，准确地满足了预期。

如果延迟很短，

要寻找合适的“揭秘”字眼，反复锤炼。

如果你的受众比较有耐心，你可以用长句子而非短短几个单词制造稍长的延迟；如果你在写作，不妨用一个吸引人的标题、一幅有趣的图片，再加上有意思的首段落来激励人们阅读下去。举个例子，《科技新生活》（*Popular Science*）上刊登过一篇文章，名为

《我母亲从爱因斯坦身上学到的东西》。作者说自己的母亲 1946 年在南非开普敦上学，写了一封信给爱因斯坦，表达了自己长大后要当科学家的梦想。文章的标题和第一段吸引我们往下读，看看爱因斯坦是否做了回复。延迟相当短暂。我们很快发现，作者的母亲收到了爱因斯坦充满鼓励的回信。当时，尤其在科学界，男女地位很不平等，所以，作者的母亲收到爱因斯坦的第二封信时很惊讶，信中提醒她，要坚定地追求梦想，别管自己的性别。张力迅速积累之后，紧随着就是一轮奖励性极强的释放。爱因斯坦不仅回了信，还回复了两次！

在综合性营销活动、会议等其他沟通当中，你可以把张力延长到几个小时、几天、几个星期甚至几个月。墨西哥广告公司 Grupo W 为联合利华旗下的舒耐男士止汗剂（Rexona Power）发起了一场营销活动，制造了漫长的延迟。营销活动的目的是宣传止汗剂的最大优点：100 万活性分子，也就是说，能为 18～25 岁最容易出汗的男士提供额外的保护。广告公司建立了一个网站，并在墨西哥全国发起了一场活动，筹集 100 万点击量“拯救费明”（Fermin，受众对这个人一无所知），从而激发了受众对产品的好奇心。营销活动在几个星期里就达成了目标，之后又在网站上发起了“费明是谁”的活动。网络访问者必须克服种种障碍，等解决障碍之后，才获得有关费明的信息，并说明自己是否认同他的精神。揭示实际产品（也即舒耐止汗剂）前的长久延迟很值得，因为消费者跟“全力活出自我”（并喷上恰当的止汗剂）的“费明精神”产生共鸣之后，产品销量激增。

就算结果可预测性极强，你仍然可以使用延迟激发释放额外的多巴胺，保持大脑参与度。我们可以从好莱坞学习怎样做到这一点。假设有一段可预测性极强的老套好莱坞情节，好人最终获胜。为延迟可预测性，导演会：

（1）用慢动作。

（2）可预测的场景还没结束（或是结果尚未实现），就切换到新场景。

（3）把我们认为可预测的镜头或决定性瞬间变得不那么重要，同时让真正的决定性瞬间在电影后期才出现。

我听过一位软件高管的演讲，他说自己从前在苹果公司开发平板电脑前身“牛顿”的团队里干过。他停了停，让房间里的其他人消化这段信息。任何跟苹果公司有关的事情，都能吊起众人的胃口。接着，他说，“‘牛顿’是史蒂夫·乔布斯回到苹果之后主持开发的第一款产品。”我们以为这会是一个老套的成功故事，可结果，它竟然是个讲述失败的故事。大家同情地笑起来，立刻对演说人产生了亲近心理。到了演讲的后半部分，他才开始讲述自己的成功。

提供甜蜜的预期，

而非痛苦的等待。

创业家杰克·戴利（Jack Daly）曾卖出过两家百万美元规模的企业，如今以激发世界各地受众创办自己的企业为职。他曾给过我一些很好的建议。“在演讲的最初5分钟为人们提供一种有价值的工具，并宣布接下来还会有更多有价值的东西。”

现在，想一想你的沟通。你能不能延迟满足，同时维持关注？你是否“揭秘”太快了呢？你能够延迟预期多久，不让受众感到气馁或懊恼？答案决定了你延迟的时间长度。这种思考方式很重要，因为预期触发多巴胺，而多巴胺激发动机和行动。

要点

- 用“想象”这个词创造预期，邀请行动。人们不光会想到未来；他们会感觉未来，而情绪影响决策。
- 多巴胺激增的时候，人感觉更有动力采取行动。多巴胺增加了人们拥有足够动机，注意到线索并获得我们允诺回报、再次回来找我们的概率。
- 如果我们帮助人们准确地预期到奖励，多巴胺会释放；如果我们为一定程度的不确定性保留空间，多巴胺同样会释放。大脑预测奖励的部位，跟应对新颖性的部位是相同的。
- 面对意外事件，多巴胺会激增。一般而言，不确定性让我们感到不安，这就是为什么它常被称为“紧张”(或张力)。我们可以容忍一定的紧张，只要（1）我们知道它的程度；（2）事先有人提醒过我们最终结果的重要性；(3）我们可以容忍一定的延迟，直至结果最终实现。

● 不同寻常的活动，或掌握着有别于你团队技能的人士，是预期钓饵，也是暗示结果物有所值的强烈线索。

● 如果实现许诺奖励前的延迟短暂，要为“揭秘”寻找合适字眼，并反复练习。

● 使用铺垫，也就是频繁地给出接下来会发生些什么的迹象。

第七章　怎样让你的话成为经典

当我们在 A 点分享信息的时候，希望他人记住，并在 B 点检索到它，提醒自己的下一步行动。这就是说，在 A 点，我们必须建立足够强烈的记忆，让它能持久。重复是巩固记忆的一种方法。

很少有人怀疑重复对记忆的影响。但既然我们是从未来的角度看待记忆，本章的重点不是要在 A 点一遍遍地重复相同信息。这只是技术的一部分。我们面临的挑战是确保人们能在 B 点独立重复信息。我们要审视的是，怎样创建一段信息，让它能够长期重复。

你是否记得有些电影台词，人们总爱在闲聊或商业对话里提起呢？你是否在工作会议中听到有人说，“休斯顿，我们有麻烦了”(电影《阿波罗 13 号》台词)？或者，在家里吵架的时候，一方说，“你对付不了真相的”(电影《好人寥寥》台词)？又或者，跟朋友吃饭时，有人说，“她点的那个，也给我来一份”（电影《当哈利遇到莎莉》台词）？

要不，歌曲呢？有没有哪一句歌词，你能立刻想起并唱出来？比方说，“不可停止信仰”（Don't stop believin，JOURNEY 乐队同名歌曲），“你所需要的就是爱”（All you need is love，甲壳虫乐队同名歌曲），或者，“我们都知道，那就是世界末日……”（It's the end of the world as we know it，R. E. M. 乐队同名歌曲）。

广告怎么样？如果有人问你耐克的广告词，或是美国陆军的口号，你能不能又快又准地说出来？

是什么让电影对白、歌曲或营销口号重复性这么强，长时间都记得住呢？这些言语的哪些特点，让它们进入了我们的脑袋安营扎寨，而且很容易想起来？解答这些问题很重要，因为如果你想影响人们的记忆，最有价值的成功证据之一，就是听到别人重复你的话。

有些答案也许很直观；我们喜欢**重复经常听到或看到的**东西（“I'm lovin' it”，麦当劳的口号，“我就喜欢”），**承载着强烈情绪的**东西（“Frankly, my dear, I don't give a damn”，电影《乱世佳人》的对白，“坦白说，亲爱的，我不在乎”），**简短的**东西（“I'll be back”，电影《终结者》的台词，“我会回来的”），**顺口的**东西（“Wax on. Wax off”，电影《空手道小孩》的台词，意思是“持之以恒”），或者是**押韵的**东西（“I feel the need ... the need for speed”，电影《壮志凌云》台词，“我感觉到了那种渴求……对速度的渴求”)。但重复性强的短语是不是还有另外一些特点呢？它们或许不那么直观，但能帮助你设计出同类的内容？

可移植性

康奈尔大学的一群科学家研究了经常为人引用的电影台词的特点。研究小组开发了一套计算机程序，分析了 IMDB 网站或互联网电影数据库用户打了标记的数千句对白。程序对比的是具体一部电影里常为人引用的台词，以及同一电影同一人物所说的同样长度的台词。

他们的看法是，最叫人难忘的台词适用于各种场合。比方说，《大白鲨》里的名句，“你需要一艘更大的船”（You're gonna need a bigger boat)，可移植性就很强；你可以用它暗示你需要更多的资源(跟水有没有关系无所谓)。我最近在一场有关大数据的演讲里用过这句台词。

其他科学研究也证实，能在多种背景下展示一个概念，对可回忆度的提升很重要。例如，研究人员希望参与者记住“巧克力”这个词，他们反复多次给一组参与者看这个单词本身，又向另一组参与者在不同的背景下重复这个单词：巧克力棒，巧克力蛋糕，巧克力奶。后一组参与者对这个单词记得更清楚，有可能是因为多种背景帮助他们建立起了多条检索线索。

很多时候，我们忘记事情，是因为环境里没有足够的线索或触发因素来刷新记忆。如果记住“巧克力”这个词很重要，那么，当你看到“蛋糕”或“牛奶”的时候，你大概会想起来。你和他人分享的大多数概念，都有着栖息之所；它们在真实的环境里有代表。一些物体或想法，可以生活在多种栖息地。举例来说，如果我说到“花”这个词，你或许可以想到田野里的花、商店里的花、别人桌上的花、别人头发上插的花，甚至别人嘴里衔着的花（如果你想到的是一曲性感探戈舞的话）。但如果我说的是“冷冻食品过道”，你大概只想得到一种环境：超市里。

你现在大概可以理解为什么“这是一段美好友谊的开始”（出自电影《卡萨布兰卡》）这句台词可移植性很强了：你可以把它用到各种背景里，许多背景也都可以触发它。有时候，重复性强的对白指的是一种很具体的背景（“我们将永远拥有巴黎”，出自《卡萨布兰卡》；或是“我有种感觉，我们再也会不到堪萨斯了”，出自《绿野仙踪》），但其含义非常普遍，仍然可以到处移植。

让我们对适合多种背景、可由多种背景触发的对白跟只适合具体环境、故此触发因素较少的对白做一番比较。在电影《社交网络》里，有这样一句台词：“100 万美元不够酷。你知道什么才叫酷吗？10 亿美元。”但有多少人能把这句台词用到真实环境里？有多少环境线索能触发我们使用这句台词?

商业环境下信息便于重复的例子有哪些呢？我记得施乐加拿大分公司的一位销售副总裁反复对团队说，“漂亮收尾。”这是一条根植于个人经验的信息，他才刚刚完成了一场600英里的自行车抗癌骑行活动。我记得Metaswitch的一位营销高管在电信行业搞了一场活动，主题句是“拿定主意”（原文为“Make the call”，也有“打电话”的意思，放在这里一语双关），邀请合作伙伴们改变技术，迎合新的消费习惯。我记得麦当劳的运营副总裁在刚晋升后激励自己的新团队“最美好的一切尚未到来”。所有这些信息，都可以运用于多种背景。

该怎么设计可移植性强、又可以在多种环境里找到线索的信息呢？你可以从撰写一般性陈述句入手，少用人称代词或不定冠词，句子的时态使用一般现在时。如果《大白鲨》的台词变成了“你需要那艘更大的船”（You're gonna need the bigger boat），那就只适用于特定的情况了。又或者，麦当劳的副总裁说，“食品行业最美好的一切尚未到来”，这就削弱了它的可移植性。

但凡你需要可重复信息，问问你的受众能否把内容带到不同的背景中去。人们能不能在超市、健身房、宠物寄养中心，甚或是有陌生人拿着剪刀靠近你的新发廊里重复你最喜欢的信息呢？愿原力与你同在。

如果我们能在多种不同的背景下灵活地使用它，
就说明信息具备可重复性。

永恒的吸引力

一条消息可以在不同的地方重复，也可以历经岁月的流逝而持久。你愿意被记住多久呢？如果项目或推广活动结束之后，别人只能在短短几个月里重复你的信息，你能接受吗？你希望同时代人在许多年里都能重复你的内容，哪怕你早就迈步向前了吗？又或者，你希望别人一辈子都能重复你的信息，哪怕你已经辞别人世？

如果你想撰写一条永恒的信息，那么，你就是希望创造一段“经典”。什么是经典？为回答这个问题，我们要跳出认知神经科学的定量研究，到社会学家、历史学家、作家和人类学家给出的定性见解里去学习。和只对个体感兴趣的心理学家不同，其他科学家研究的是集体动态。如果你的信息历经时间而不朽，那就意味着它成为了集体记忆的一部分。

任何经典（一本书、一部电影、一个口号、一件衣服、一个姿势、一句笑话），都有着持久的影响力。举个例子，历史学家理查德·史密斯（又名司马富，Richard J. Smith）回顾了世界文学佳作，认为有三点能让一部作品跻身经典。不管我们想创造什么类型的信息，这份简单的指南都能让我们受益。史密斯提出：

第一，作品必须聚焦在最有意义的事情上，找出人类的根本问题，为应对这些问题提供某种指导。

第二，它必须以优美、动人、难忘的方式来解决这些根本问题，并配有刺激和诱人的画面。

第三，它必须细致入微、全面而深刻，反复进行谨慎的研究，以求洞穿最深刻的奥秘，揭示最了不起的智慧。

这三点同样适用于短消息。比如电影《阿甘正传》里有一句常为人引用的对白："我妈妈总是说，'生活就像一盒巧克力。你永远不知道你会得到什么。'"你应该看得出它怎样满足了上述三项标准。它跟一个人类的根本问题有关：人无法完整地预见未来。它在你的脑海里勾勒出了一幅精神画面。它的隐喻值得反复回味。

我对商业信息做了分析，就史密斯提出的这三点而言，它们常常会在至少两点上栽跟头。据我所知，大多数商业沟通人士很擅长确认、解决人类的根本问题。可很多人却无法以优美、动人、刺激的方式来解决它们，还滥用复杂性。他们创造的复杂信息，并未提供你每次都想回过头来思考的深刻东西，也并不能带给你新的"有所发现感"，哪怕你之前看过，相反，他们会创造一条能"淹死"你的复杂信息。

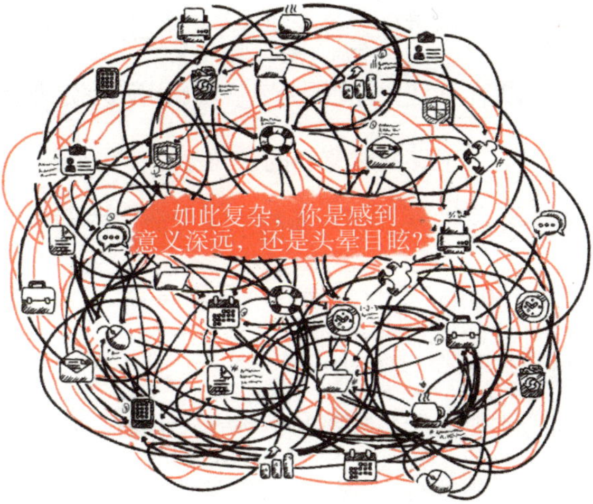

卡尔维诺在《为什么阅读经典》（*Why Read the Classics*）一书中列出了一份更长的经典作品特点清单。以下几点，对史密斯的清单做了补充。在卡尔维诺看来，如果一本书满足以下条件，则可称为经典：

● 它想对读者说的话，不让人感到筋疲力尽。

● 你在听说它的时候越是觉得自己知道，你在真正阅读它的时候就越觉得它独出心裁、出人意料、创新性强。

● 面对它，你不可能无动于衷；它帮助你定义了你与它之间的关系（哪怕你反对它）。

有一位女士，每隔几年就会重读托尔斯泰的《安娜·卡列尼娜》，她向我解释这是为什么："每一次，或许是因为我年龄渐长，经历更多，我总能发现从前没有注意到的地方。它不仅是重要的趣味之源，而且，我还感觉像是托尔斯泰在给我打气：更深入、更努力，志向高远，更仔细地关注世界。”一段叙事不一定非得提出什么超越生活的观点。通常，回味悠长的东西蕴藏在最小的细节里：“我始终很喜欢的一个场面是：安娜遇到了迷人的渥伦斯基之后，回到家中丈夫身边，发现对方的耳朵是那么缺乏魅力，把她自己吓了一跳。”

我们不可能都变成托尔斯泰，但你在设计信息时，请以这些作家的清单为指引。

你的内容里有多少符合经典标准？

经典，而非老套

经典的特点是值得反复提及，却不害怕变成陈腔滥调。和经典一样，陈腔滥调经过了时间的考验，但一路走来，它丧失了最初的影响力和意义，变得老套、琐碎。当“范式转换”（paradigm shift）这一说法于 20 世纪 60 年代首次出现时，它新颖而原创。从那时起，许多领域的大量范式（按照谷歌的数据，足有 700 多万种）都发生了转换。如今这个词成了最可怕的陈腔滥调之一，和“打破部门条块分割”（breaking down the silos）、“少花钱多办事”（doing more with less)、“事实就是这样”（it is what it is)、“来点进展”（move the needle)、“跳出条条框框”（think outside the box)、“会后深入”（take it offline)、“带入新阶段”（take it to the next level）等相提并论。

奋斗在清洁饮用水、无土农业、城市公交、微量营养元素、仿生学、清除太空轨道垃圾等前沿领域的创新人士，却把这些陈腐的短语挂在嘴边，真叫人觉得丢脸。有一家组织说到清理原油泄漏的方法时这样说：“显然，为了解决未来的危机，尽量将潜在的海洋灾难效应限制在最低水平，我们需要范式转换。”其实，这句话完全可以说得更简单直白：“我们需要更好的方法，清理海洋表面的泄漏原油。”

我们无法在沟通里彻底摒弃陈腔滥调，因为有时候，使用陈腔滥调只不过是在务实地适应新局面。老套说法可以非常快速地传递某个具体的设想。你可以想都不用想地老调重弹。毕竟，它们被提及的次数太多，能轻轻松松地进入脑海。不过，陈腔滥调的缺点是，随着时间的推移，它会丧失原本的意义，我们会彻底忽视它。空乘人员在飞机里说，“为了您的安全与方便，请勿在机舱里四处走动。”有多少人真正用心在听？很多人都有很了不起的想法要分享，可一旦他们弹起老调，信息的效力就耗竭了，它们变得寻常可见，过耳就忘。

在追求信息的可重复性时，你务必要尽量远离陈腔滥调。如今人人都想“变成行业的领导者”，“造福客户和股东”。这些措辞容易重复，但空洞无物。陈腔滥调散发着可重复性信息的诱惑，就像是棉花糖散发着食物的诱惑一样。在使用本书介绍的技术接触受众的记忆时，要把信息健健康康、未经加工地种下地。

有研究分析了 186 则广告的语言和主题内容，想看看是什么让它们令人难以忘怀。研究结果表明，诸如押韵、排比、比喻等语言技巧跟品牌回忆度的关系更大，而曝光频率和广告预算经费的关系反而没那么大。所以说，**要想被人记住，不用一掷千金。我们只需要掌握好语言就行了。**

通过简单的语法突出字词

“我的名字是埃尼戈·蒙托亚。你杀了我父亲。准备去死吧。”如果要人们引用电影《公主新娘》（*Princess Bride*）里的对白，看过它的人大概都想得起这一句来。请注意，这句话的语法、词语的排列顺序是很简单的，便于理解。不过，词语的选择为它带来了格外的关注。“埃尼戈·蒙托亚”这个名字很少见。按照常理，“准备”一词往往会出现在准备午餐、准备开会等背景下，而非“准备去死”。

在下面的清单里，作家阿瑟·普洛特尼克（Arthur Plotnik）列出了一些经典的电影对白，并把它们的语法换得更复杂了点，从而说明后者的可重复度将会变得多么低。

原对白：“来吧，成全我吧。”（克林特·伊斯特伍德，《拨云见日》）

更改版：为什么不给我一个合法的开枪借口呢，我会感到满意的。

原对白：“让我看到钱就行。”（小古巴·古丁，《甜心先生》）

更改版：你一定要努力工作，我才能拿到更多报酬。

原对白：“你不怎么聪明。我喜欢这种男的。”（凯思琳·特纳，《体热》）

更改版：跟我有点关系的男人，我喜欢他们智力稍微差一点。

简单的语法有助于记忆，这一点得到了科学研究的支持。研究表明，人能够在语义、措辞和声音之外重现句子的结构，哪怕患有健忘症。例如，实验受试者听到“家庭女教师把一壶茶沏给公主”这样的一句话，之后，他们有更大可能性使用同一语法描述其他的事情，比如“男孩把画笔递给那人”。然而，如果最初受试者听到的是“家庭女教师为公主沏了一壶茶”，他们随后对事件的描述方式也很可能会变成“男孩为那人递上画笔”。这一效应叫作“句法坚持”(syntactic persistence)，在不同语言的自然对话里都存在。

解释恐怕要到陈述性记忆和程序性记忆之间的区别里去找。陈述性记忆包括知识和事实（例如，在元素周期表里，镁在钠的右边），而程序性记忆以感知和运动技能为基础（比如，哪怕你 10 年没游泳了，你游泳的能力仍然存在)。简单的语法或许是程序性记忆的一部分，它的抗遗忘性更强。

创建重复性信息时，问问看：受众是否能方便地重复你的语句？心理学家称之为处理流畅性。你的句子简单吗，对非英语听众而言也一样吗？我在大多数商业信息上看到的情形并非如此。有些商业信息非常绕口，比如：“在这次会议上，我们要讨论的是公司治理流程和全渠道平台密不可分，我们要把重点放在企业治理的一些常见缺点上，研究若干真实案例，了解现实世界怎样应用最佳实践。”

简单的语法带来了可重复性强的信息。

简单的语法是信息可重复性的必要条件，但不是充分条件。研究表明，有了简单的语法充当背景之后，要用若干独特的词汇（或称之为“不流畅”的词汇）来突出前景。人们常常会采用相反的做法（也即注重词汇的流畅性)，浅层次地处理信息。曾有一项经典的实验，研究人员要求参与者依次回答以下五个问题：

What do we call a tree that grows from acorns? [Oak]

一棵树上长出了橡子，这是棵什么树？[橡树]

What do we call a funny story? [Joke]

一个故事很逗乐，它叫作什么？[笑话]

What sound does a frog make? [Croak]

一只青蛙怎么叫? [呱呱]

What is another word for a cape? [Cloak]

披肩还可以叫成什么? [披风]

What do we call the white part of an egg? [???]

鸡蛋的白色部分叫什么? [?]*

如果第五个问题你能回答出“蛋白”(albumen)，那就跻身少数人的行列了。大多数人都会回答“yolk”(蛋黄)，因为经过了其他答案的引导，“yolk”这个词更容易脱口而出，只有经过有意识的思考，才能抛开这种下意识反应。“蛋黄现象”表明，人对认知资源是很吝啬的，他们喜欢浅层次地处理信息。

认知流畅性显然是有益处的，较之让人觉得处理困难的句子，让人感觉流畅的句子，它在人们心目中也更讨喜、更有价值、更准确。然而，不流畅同样是有益的，因为它唤起了认知屏障(违背直觉)，从而激发了更深层次的处理。举个例子，在一项研究中，教授给一组学生布置了一套阅读起来很流畅的工作表和 PowerPoint 幻灯片，而给另一组学生布置了一组阅读起来不流畅的资料。后者拿到

* 请注意，在原文的答案中，Oak、Joke、Croak、Cloak，都是以“k”这个音结尾的。这是在为第五个问题的答案做误导性铺垫。

了较高的考试分数。

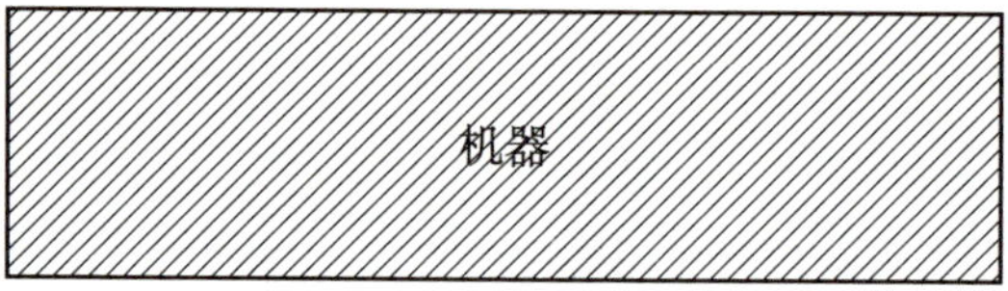

我们很可能会记住这个词，
我们必须付出额外的关注读取它

信息不流畅的另一优势是，它鼓励我们忽视表面性质，关注更深刻的意义。这促成了抽象思想的产生。通常，我们处理刺激的时候，既可以具体地再现它，也可以抽象地再现它。比方说，我们可以这样认识托尔斯泰的《安娜·卡列尼娜》——它分为 7 部，19 章，806 页；我们也可以从更抽象的角度去想：这是一部悲剧，探讨的是一位已婚女士对一个年轻人的激烈之爱。研究人员认为，如果我们发现刺激难以处理，它们会在空间和时间上都显得极为遥远，因为这种模糊，我们会更专注于它们的总体和抽象性质，而非其具体特征。抽象性质邀请我们更深层次地处理信息，这有助于回忆。

不流畅反而加深了受众的关注。

整个信息里都应该充斥着不流畅吗？当然不。和其他辛苦活一样，不流畅持续下去，会带来实际后果。随着时间的推移，它减少了认知资源。所以，在使用的时候要克制。在注意力可能会衰减时，来上一轮爆发式的不流畅，效果极佳。

我记得，一家技术公司的 CEO 告诉我，他希望公司年度用户大会上的听众们记住这句话，“创造透明的文化”。虽然语法很简单，但用词还不够独特，这让句子显得很陈腐，可预测，而且还让听众产生了一种“好像从前听人说过”的感觉。听众会把它当成耳边风，转眼就忘掉。如果搜索“创造透明的文化”这个说法，你大概会得到 9 000 万条链接。于是，他把句子改成了“用科技说出你的想法”。语法仍然简单，但出人意料的措辞（把“说出想法”跟“技术”结合起来）制造出了一丝不和谐的声音，在企业背景里引起了额外的关注。

“不流畅”要求人给予额外关注。简单的语法让消息令人难忘，因为它是按程序性记忆编码的。两者结合使用，令你的信息无法忽视。

自适应连贯性

记忆过程存在许多悖论，其中之一根植于“追溯过去发生之事”与“试图将之纳入当前自我需求”之间的张力。从这个角度来看，记忆是自适应的。它帮助我们多活了一天。

有时候，记忆是随机的。你正照常过着日子，突然，脑海里弹出一件事，比方说那个星期你发烧了，或者是《爱之屋》的歌词。另一些时候，你会检索完成任务、促进对话、强调要点、跟某人建立情感纽带所需要的东西。从这个角度来看，内存是有动机的。

既然我们渴望创建可重复性强的信息，我们必须要问：什么样的动机会促成信息的重复呢？有时候，我们记住事情并加以重复，是为了取悦自己；也有的时候，我们这么做是为了取悦他人。让我们先来看看内部动机。

一些科学家认为，记忆是自我的数据库。为便于讨论，让我们看看自我怎样再现一组积极的目标和相应的自我形象。我们从记忆中检索与当前目标、信念和自我形象有着连贯符合性的东西。我们自我调节记忆，以求实现稳定性。研究证实，记忆和当前的自我之间的协调匹配，带来了高自尊和幸福感。然而，也有一些科学家认为，从进化的角度看，不能紧密跟踪准确经历的记忆系统，并不有助于人的生存。故此，这里存在一对互为矛盾的需求（张力）：一方面，要让保留下来的事实尽量准确，就跟原本的经历一样；另一方面，要让不断变化发展的自我保持连贯性。

我曾和一家电子商务公司的 CEO 合作做一份演讲稿，论述顶尖的国际企业怎样恢复传统的客户满意度。在该演讲中，我们平衡了两种需求，一是维持“自我”连贯性的需求（任何提供卓越客户满意度的企业都有这样的需求）；二是发掘怎样在不断变化发展的场所（比如在线空间，它可能欠缺人情味）做到这一点的需求。通过这种方法，我们把记忆的适应性和动机性结合了起来：为人们提供一条既符合现有模式、又教会他们怎样发展的信息。

大多数商业内容都可以视为对研究人员口中“自适应连贯性”的反映，这就是说，我们只保留那些能最大化生存概率的经历。这就是为什么有时候记住事情的要旨就已足够的原因。你兴许还记得多年前度假或生病的事情，但记不清具体细节。你的记忆将这些经历简化为寥寥几条能确保生存的概念性轨道，比如“夏天别去亚利桑那州”或者“不能忘了吃早餐”。你的大脑让连贯性和准确性实现了平衡。连贯性跟长期记忆挂钩，而准确性往往是短期的。哪怕你一天里经历了许多事情，可除非它们能跟连贯性所需的长期目标整合到一起，否则很多记忆都会被遗忘。

大部分重复性强的消息不关心小目标，比如“我今天锁门了吗？”它们直指长期目标，比如健康、美丽和安全。钻戒不仅仅是为了结婚仪式那短短的一天，相反，“钻石恒久远”。如果你想创建重复性强的信息，要把它们跟受众的长期目标捆绑到一起。

大多数的短期记忆注定要遭到遗忘，
除非跟长期目标捆绑到一起。

跟理想的自我保持一致

科学研究发现，人们往往依靠自己记得住的东西去实现理想的自我。让我们快速来试试看吧。比方说，你希望认为自己是个成功人士。你能否想出过去一年里你成功的 4 个例子？回忆过程对你来说是否轻松？大量研究表明，如果受试者听说过哪些具体的特点能带来成功（比如性格内向或外向），他们往往能更轻松地回忆起体现了自己具备这些特点的事情。跟理想自我相一致的记忆，是更容易获取的，处理回忆的过程，也会让人感觉更容易。

可重复性强的信息传递更深远的意义。

让我们来看几段广告词。哈雷摩托车：“生在美国。选择叛逆。”VISA 信用卡：“去你想去的地方。”PS 游戏机：“在你的世界里生活，在我们的世界里游戏。”阿迪达斯：“一切皆有可能。”马莎百货：“顾客永远完全正确！”沃尔玛：“省钱。过得更好。”这些信息回应了人们的热望，将理想自我具体化了。于是，它们成为了可重复性极强的信息。

研究还表明，支撑理想自我的记忆类型并不具体，而是通用的，普遍的。例如，如果研究使外向的受试者相信内向带来成功，他们会回忆起证实自己内向性格的记忆（如，“我当众演讲时常常脸红”)。论述的普遍性支持该特点。这就解释了为什么“只管去做”(耐克公司广告词）或者“没有它，别离家”(运通信用卡的广告词）等口号会有这么强的可重复性：它们适用于许多不同背景下所有对不同目标心怀热望的人。普遍通用的特点还让它们便于移植。

巩固了理想自我的记忆，

靠通用叙述广为流传。

当人们重复支持理想自我的信息，这些信息就变成了经文，经常用来打坐冥想，或充当鼓励性的指导原则：“梦想成真”“天佑大胆之人”“寻找第二个正确答案”。有一阵，我对健身教练肖恩·汤普森（Shaun Thompson）的健身训练视频 *Insaniy* 非常热衷，我开始不断对自己说他那句口头禅，“再卖力点儿!”核磁共振成像研究显示，念经跟药物很像。打坐冥想和念经的人，其大脑参与记忆、共情、自我意识和情绪调节的区域，灰质的密度出现明显增长。

社会期许——“邻居们会怎么想?”

你是否曾经因为某件事能让你在别人面前看起来不错，就重复做它呢？你的受众并没有太大不同。我的父母一直希望我学习成绩好，原因很多，但主要是因为他们不乐意在邻居面前露怯。

如果信息能透露出地位，
常常会被重复。

哈雷摩托深谙此道。你买一辆哈雷摩托回家不是为了把它藏起来，你买它是为了炫耀，跟他人建立纽带。人们明明花上一半的钱就能买到其他品牌的摩托车，可他们仍然会花 2 万多美元买哈雷摩托车，原因就在于此。该公司很早就意识到，自己所在的行业不是为了提供产品，而是为了迎合人类的行为。它的一个主要卖点就是“别人面前的我”。为了让别人不懈地重复某件事，你必须回答：你所提供的东西让人们在他人面前显得怎样？

你向一群人做了介绍之后，下面两条信息中哪一条更可能被受众重复？

“物流服务概述”

“一家走下坡路的公司怎样借助全新电子商务工具使客户翻番”

第二个例子效果更好，因为它把演讲人放在了讲故事的位置上，大多数人喜欢听故事，不喜欢听人念叨数据。如果我们的受众有可能重复信息，好让自己在他人面前显得出色，那么，就有必要跟踪他人的愿望、信念和意图。可我们该怎样去了解他人的期许呢？

前面几章包含了人的动机和驱动因素的信息。这里是另外一个角度。我们会借助什么资源来分析他人想法、判断他们认为什么可取呢？我们自己就是资源之一。科学家们发现，有关自己的记忆（自传体记忆）和我们对他人怎么想的认识（心智理论）之间存在相关性。这类社会投射，在判断他人情绪、他人动机状态、判断任务完成难易度等当中都已得到证明。

如果我们觉察出别人跟我们类似，会更倾向于使用自我认识。在这种情况下，如果你想为跟你类似的受众设计可重复信息，不妨回忆一下自己想要在别人面前显得出色的时候，你可能会重复什么样的内容。举个例子，哈雷摩托公司的前沟通总监肯·施密特（Ken Schmidt）向其他沟通专业人士演讲时，总能引发轰动，因为那些人跟他类似，要不就是想变成他。他曾在许多次演讲里说过一句名言："就算我们搞砸了，喜欢我们的客户也会原谅我们。"听众很容易重复这一信息，因为他们发现自己跟客户也曾碰到过类似的情况，于是轻松地跟施密特感同身受了。

如果你面对的听众跟你不同，设计可重复信息就不像自我反思那么容易了。如果你察觉到对方跟你不同，或是在向混杂的群体说话，你必须问一个不同的问题：有没有什么普遍接受的价值观能让他们在别人面前显得出色，并且是大多数人都愿意重复的呢？最稳健保险的基本人类价值观已经流行了近50年，它包含以下内容：成就、享乐、刺激、自我导向、关心自然、关心社会、仁慈、合群、个人安全、群体安全。有人根据来自各大洲 60 多个国家的 200 个样本做了研究，发现这些价值观在不同文化中都得到认可。这些价值观涉及心态开放地接受改变、自我超越、环保和自我提升。和第四章中讨论的人类需求一样，有些价值观互相冲突，比如自我导向和合群。因此，在为混杂的群体设计可重复信息时，要记得核对它们是否跟上述普遍价值观里的一条相匹配。要解决价值观之间的冲突，在你发言时，应将其中之一放大作为首选项。例如，在特定时刻，合群说不定比自我导向更为重要。

最后，让受众重复我们的话，不仅是要让他们在别人面前显得出色，更是在制造关系。百威很擅长设计强调关系的可重复信息。看看它那套以黄色拉布拉多小狗为主角的广告集吧。有一段广告是，小狗跟一匹小马驹建立起了友谊。到了另一广告，小狗迷路了，它的小马朋友搭救了它。还有一段广告，我们看到小狗在等候出去参加聚会的主人。“下一次你出门，一定要定好安全回家的方案。”标题这么写道，“你的朋友全指望着你呢。肩负责任，享受百威。”可重复信息借助普世价值观，把我们凝结到一起。它们促成更紧密的关系、更强烈的信任，让我们有机会成为最好的朋友。

要点

可重复信息的标准

- 可移植
- 永恒
- 语法简单
- 绑定长期目标
- 志向高远
- 通用
- 诉诸自我利益（让我们在自己心里显得出色）
- 社交货币（使我们在他人眼里显得出色）
- 普世

第八章　怎样长时间停驻在人们意识里

谁是你最喜欢的超级英雄？美国队长、蝙蝠侠、超人、神奇女侠、金刚狼，还是黑凤凰？这个问题可能很难回答，因为近些年来超级英雄太多了。动画片《超人总动员》（*Incredibles*）里的巴小飞听妈妈说，“小飞呀，每个人都是特殊的。”而他回答：“这其实就是说没人特殊，只不过换了个说法。”我注意到内容创造行业出现了一股类似趋势：如果人们认为每一段内容都“特殊”，那么任何一段内容就都没什么特殊的。由此带来的结果是遗忘。

为了避免内容遭到遗忘，方法之一是让它跟受众从别处看到的不一样。我们在第一章和第四章讨论过独特性，并指出独特的线索吸引关注。但把观众的关注引导到独特的刺激上，这是一回事；要观众长时间地记住刺激，这就是另一回事了。本章的目的是进一步探索“独特”这一概念，科学地解释为什么独特性适用于长期记忆

(而不仅仅适用于关注)，并就如何在自己的信息里对它加以运用给予实际指导。

科学家认为记忆归根结底是一个辨别问题：某事物跟相邻事物相比更为突出，故此在记忆中占据了理想位置。这套理论框架是近80年前，维也纳心理学家海德维格·范·雷斯托夫（Hedwig von Restorff）提出的。他完成了一项研究，向参与者展示了一份列表，上面有9个数字，1个音节（又或者是9个音节，1个数字）。她报告说，孤立的项目回忆度更高。这就是所谓的雷斯托夫效应，或孤立效应。

这项经典实验过后，其他许多研究人员对不同变量带来的孤立效应做了研究，以检测回忆度：给受试者看一份包含了相同项目的列表，但对其中一项的物理性质作调整（如不同的颜色、大小、重量、声音或频率）；在若干相同项目中插入一个完全不同的项目，混合素材（比如在文字列表里插入一个数字）；或者设计一项在语义上与其他项目不同的东西（比如在在若干相关物体中插入某个不相关的东西）。在不少此类实验中，受试者都对独特的项目有着更好的回忆度。

最近，研究人员的焦点不再仅仅放在是什么造就了独特性上，还力求解释孤立效应影响记忆的原因。研究人员认识到，除了物理特性的孤立，独特性还包含着其他的意义。比方说，一项实验里用来孤立的对照元素，放在另一份列表里，说不定就不再被视为孤立。在黑色印刷文字里，红色是独特的，而在红色印刷文字里，相同的物理特性（也即红色）就没有独特之处了。

这些观察结果虽然看似直观，但为什么独特令人难忘，却并不是件一目了然的事情。解释形形色色。我们已经了解了孤立能吸引更多的关注，因此带来了更多叙述时间，或是更能唤起意外，这反过来又增加了关注和回忆度。有些研究人员把孤立效应归结到格式塔理论上，按后者的理论，同类项目有着相同的记忆痕迹，从而在背景中丧失了识别度，而孤立的项目凸显出来，并被视为独特。

有可能，孤立项目有助于回忆，因为它减少了来自其他过于类似的元素的干扰。研究人员认为，大脑检测到孤立和背景项目两者间的差异，将结果编码为两类：孤立项目和背景项目。由于孤立项目代表的是比背景项目更小的一个类别，孤立项目的回忆度更好。某一类别里具体项目的检索概率，跟该类别的规模成反比。故此，在我们创作内容的时候，有必要问：

（1）我们需要孤立多少个项目？

（2）它们是否代表了我们希望他人记住的最重要内容？

把你创建的任何信息都视为按照时间排列的一组项目（例如，一封电子邮件或一篇博客里的一组照片、会议里的一系列音频、演讲中的一套幻灯片、营销活动里的一系列推广），这是一种实用的做法。受众可以根据项目在时序里的位置对其加以区别对待。同类项目挤在一个心理空间当中是很难区分的，但如果某样东西跟群体里的东西不一样，或是跟相邻的项目不一样，就容易区分了。认知心理学家戈登·布朗（Gordon Brown）说，“一个项目的可检索性，跟记忆里其他项目的易混淆性成反比。”换句话说，类似的东西越多，以后就越难以检索它们。这句话提醒我们，独特性不光有助于吸引关注，还有助于记忆的检索。

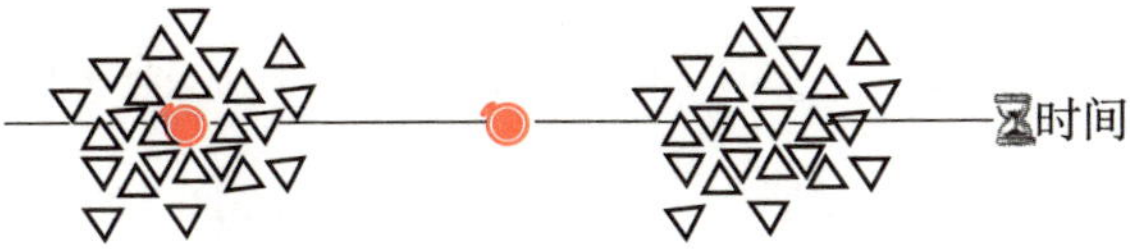

记住类似项目群里独特的项目
或没有“邻居”的项目比较容易

在充满相似之处的地方，会发生如下情形。以下内容摘录自一些预测分析和大数据公司（这是一个日益拥挤的领域）的真实价值主张。我去掉了这些陈述的企业标识，把它们拿给相关企业员工看，因为没有标识，员工并不知道哪些陈述是自己企业的信息。

> “我们有能力访问并组合非结构化或半结构化的数据，帮忙揭示来自大数据的宝贵洞见，让您做出更好的预测，获得最优绩效。”

> “我们充分利用商业规律和预测分析，根据实时背景采取最

佳行动，最大限度地提高每一轮客户互动的价值。”

“使用我们的工具，您可以为商业分析师或数据科学家创造预测建模环境，为他们提供必要的自动化工具，为每一项数据挖掘功能建立复杂的预测模型。”

40个人里只有一个人知道哪一条信息是自己公司的。没有独特性，我们创作的内容就成了自己人跟自己人的竞赛，因为两天之后，潜在客户就很难记住谁说了些什么了。我们可以弥补这一缺陷。

你所占据的地方，在受众的心目中是否本来就很拥挤了？

假设有一家提供预测分析和大数据工具的公司这样说：“使用我们的预测算法，我们把一家银行的账户注销率和摩擦事件减少了30%。”这句话来自EMC的数据科学家佩德罗·德索扎（Pedro Desouza），他接着说，自己的公司帮助同一家银行“把大数据分析的成本从每年1 000万美元减少到了10万美元”。另一家大数据公司为一家每年过手40亿件物品、调配10万车辆的货运公司提供服务。大数据公司创造了卡车远程信息处理和算法，确定并预测路线、发动机空转时间及卡车维修情况。想象一下这家数据服务公司这样说，“使用我们的预测分析工具，我们帮助这家货运公司节省了3 900万加仑燃料，减少了3.64亿英里的驾驶里程。”

大脑在不断寻求奖励。在商业世界，当许多信息一样的时候，我们可以具体地谈及奖励，将之勾勒为切实的结果，从而创造独特性，提高回忆度。回想一下你自己的内容：你能否从自己的工作里找到某个具体的结果，在你所属的充斥着大量相同信息的领域里，令你的信息凸显出来？

绝对的同质性易被遗忘，绝对的多样性亦然

神经学家提醒我们，如果一个物品放在一连串不同的物品当中，是不会被视为独特的。左图中的红色圆圈周围有太多不同的东西，要回想起它来很难。而右图中的第二个红色圆圈是孤立的，因此更容易被人记住。

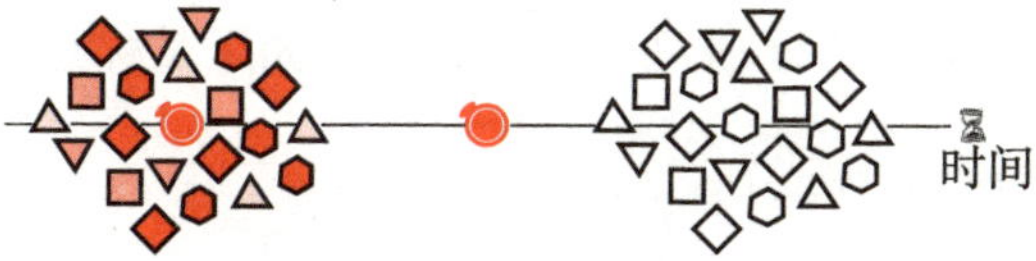

多样性太强，一个物体的
独特性难以表现出来

具有讽刺意味的是，相似性是实现独特性的必要条件。不妨这么想：在办公室里开了多次正式会议之后，在咖啡馆里开一次会就很独特。很多天都是开车去商店，走路去一次就很独特。要经历过一段相似的时期，事情才会显出独特来。回顾一下你自己的商业内

容和所用方法：如果你不是第一个进入市场的，观察你所在领域里的相似之处，接着再展现出独特性。让你受众的大脑习惯相似性，这样你的信息才更容易脱颖而出。

为感知到独特性，
我们必须先感知到相似性。

确定夸张程度

将一个项目跟相邻项目孤立开来会影响记忆，但要让刺激显得独特，需要付出些什么呢？孤立效应带来的代价是什么？换句话说，我们是否牺牲了沟通中的部分元素来换取孤立呢？这种时候，有必要想一想我们用来凸显项目的强度，因为如果某样东西过于显眼，相邻的项目或许会被遗忘。

在大多数孤立实验中，一个项目越是跟其他项目不同，孤立效应就越明显。调整大小、颜色和间距能带来最明显的效果，很多时候，非孤立项目和孤立项目之间的“强度”差至少为 30%。在一项研究中，研究人员使用 4 种尺寸规格，前一尺寸是下一尺寸的 70%。他们报告说，孤立项目和背景项目的对比越大，孤立效应越强。要让孤立项目显得确实非常独特，它越大越好。

很多品牌使用夸张手法来强调独特性，实现长期记忆。美国的一天真的是“从唐恩都乐甜甜圈开始”吗？如果我们买奥斯卡·迈耶肉制品（Oscar Mayer），真的“没有比这更好吃的”了吗？在“老沉香”（Old Spice）的一条广告里，一名英俊男子在浴室里戴着20块金牌，右肩膀上扛着一把电锯。然而，他裹着毛巾，站在点燃的蜡烛当中。这是一种两头使力的夸张手法：如果你使用“老沉香”，你既有男人味，又具浪漫情怀。

在下图的幻灯片里，演讲者的信息是，如果我们不具备针对性营销的能力，消费者就会接收到不适合自己的产品的广告信息。演讲者使用夸张的关联进行例证：健身玩家接收到的是编织用品的广告；编织爱好者则收到了健身器材广告。

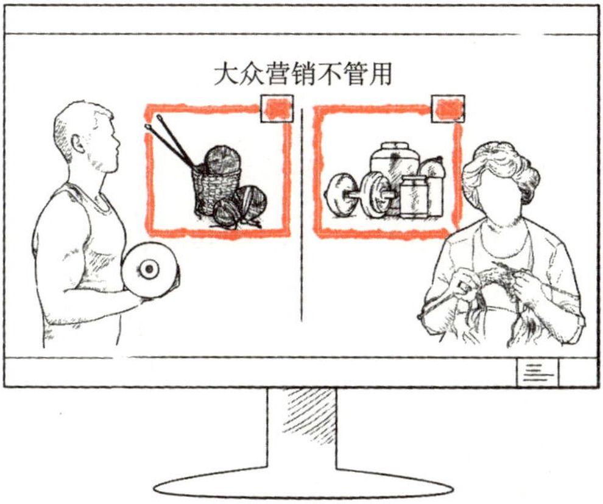

戏剧化的夸张很管用

谨慎的沟通不见得总能长时间地停驻在人们的脑海里。分析你的内容，寻找机会偏离受众已经习惯了的现实。不过，请记住，在这个过程中，有可能会牺牲掉相邻的项目。例如，有研究发现，在幻灯片演示当中，独特的项目回忆度高，但紧接在唤起压力的刺激（比如一张外伤尸检的幻灯片）之后的项目，回忆度就低。我们有多希望孤立项目被人记住、我们是否能接受相邻的若干项目遭到遗忘，决定了实际与夸张的比例。

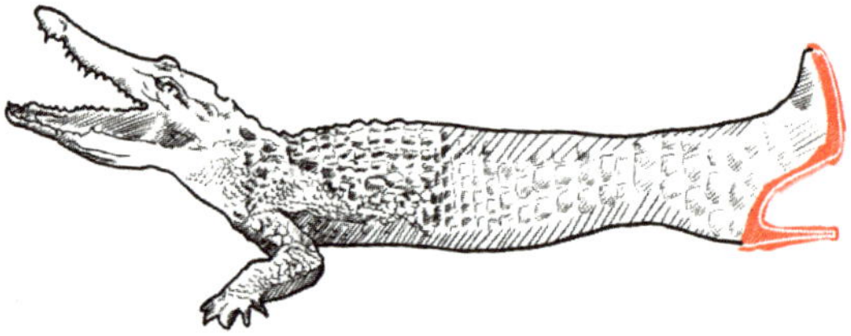

如果你放弃准确性，你就能
调动关注，影响记忆

与环境存在冲突，进而获得关注、嵌入记忆的元素，自带一种悖论。有研究表明，一开始，对偏离预期模式的东西的记忆，好于对符合预期的常规之物的记忆。可另一些研究结果又提醒我们，如果偏离预期的刺激并未肯定我们拥有的内在信念或图式，最终会遭到过滤，因为它们跟我们的核心理念不一致。回顾你的内容，想一想怎样创造出既独特又与受众眼中的奖励相契合的东西。这样一来，你能做到两全其美：凭借独特吸引关注，又不会遭到过滤，长久地停驻在人们的脑海里。

通过反向思考造就独特性

如果独特性指的是提供有别于相邻项目的刺激，那么，我们可以选择与受众所见相反的东西来创造它。这个想法看似容易理解，但我们不见得总能找到相对的东西，因为不是所有东西都能从这个角度去形容。例如，科学和哲学提醒我们，黑与白，冷与热，善与恶，都并非真正对立。它们同属于一套频谱，而非二元对立。

从上下文的角度，用模糊痕迹的方法来思考对立面有一定的帮助。在欠发达国家，富人与穷人认为自己是对立的，可在来自发达国家的外人眼里，两者或许都很贫穷，并不对立。在你的内容创作当中，关键的地方是：受众认为你陈述内容的对立面是什么（哪怕他们就只有那一刻会那么想）？

听众体验到的一些刺激，或许的确可以从普遍的二元角度去想。开与关、出与入、死与活、上榜与落选，都可以视为对立的项目，它们没有太多可供主观阐释的空间。如果你的内容讲究准确，那么，你可以从这里着手，通过互为补充的对立面来创造独特性。举例来说，如今有许多商业内容都会隐约涉及死与活的二分法。讨论“破坏”（disruption，或“颠覆”）的时候，人们会谈到倒闭的企业，比如电路城公司（Circuit City，它一度是美国第二大电子产品零售商，

2008年结业清盘）、博德斯集团（Borders，曾是美国第二大书商，2011年申请破产保护）或百视达（Blockbuster，美国家庭影视娱乐供应商，2010年破产），对比那些活得欣欣向荣的企业，比如亚马逊、苹果、Facebook和Netflix。TIBCO软件公司全球销售之星副总裁拉吉·维尔马（Raj Verma）最近在一次演讲中就用死与活这一二元对比讨论商业模式，他问观众："你在历史潮流里站对了阵营吗?"

对立关系，是独特性的另一源头。在上与下、医与患、借与贷、取与予、买与卖等关系里，两者通过对立感而存在。举个例子，我们常常把品牌和赚钱的目标联系在一起（取）。当它们采取无私的行动（予），就会吸引关注，比方说，阿玛尼就曾开展过一场推广活动，宣布"好闻，善事"。广告承诺说，特定的一周内每卖出一瓶香水，该公司就会向联合国儿童基金会捐赠1美元，帮助贫困国家儿童获取清洁水源。

如果你的内容包括了关系方面，可以让受众的大脑先习惯一个维度，接着你切换到另一个维度，让他们感受到不同与独特。我曾经跟Xactly公司的CEO克里斯·卡布雷拉（Chris Cabrera）合作创建一份演讲文稿，事关公司的薪酬激励方案。演讲的主题是理想的激励方案能推动业务。为了做到这一点，公司的目标必须与销售团队的目标完全保持一致，只可惜现实不能随时如此。为了形象地再现这种不一致，我们在演讲开始的时候，指出卖房人和经纪人有着不同的目标。“想想看，一位业主想把自己的房子卖 100 万美元。”卡布雷拉说，“他以 3%的销售提成，聘用了一名地产经纪。第二天，经纪人找到了一位愿意出 90 万美元的买家。于是，他既可以怂恿业主以 90 万美元的价格卖掉房子，自己花一天时间就能挣到 27 000美元；也可以继续花时间寻找另一位买家，多挣 3 000 美元。经纪人会怎么做呢？如果你是经纪人，你会怎么做呢？”借助关系的对立，卡布雷拉提出观点，“两个有着不同目标的实体就会出现这样的情况。公司也会出现同样的错位。”我牢牢地记住了这个生动的比喻——哪怕我跟卡布雷拉的合作已经过去了 7 年。

第三类对比是分级的，也就是说，同一个层面上的比较有不同的级别。比如年轻与年长、硬与软、快乐与悲伤、大与小、胖与瘦、早与迟、快与慢等，都是相对的，不同的人可以做不同的阐释。模糊痕迹理论可以基于你受众从前的体验和期待，帮忙辨识出他们能察觉到什么级别的对比和独特性。举例来说，假设你看到哈根达斯推出如下广告：“谁说更大不更好？新款 14 盎司冰激凌上市。”现有消费者知道目前的冰激凌容量更小，会认为它独特；但没吃过哈根达斯冰激凌的人，或是不知道从前容量的人，就不会产生这种感觉。

汇丰银行在创造内容时很擅长打“对立”这手牌。假设有一幅画，一边立着几根胡萝卜，标为“秩序”，另一边是一碗胡萝卜汤，标为“混乱”。在这幅图的旁边，摆着另一组照片，内容一样，但标签是反过来的。汇丰银行还有一幅广告，把药丸标注为“有用”，把牧草标注为“没用”；把鞋子标注为“愉悦”，把辣椒标注为“痛苦”；把木瓜标注为“好”，把巧克力标注为“坏”。信息到底要传达什么意义，开放给观者自由阐释。分级对比的方法，让这次广告活动大受欢迎。

在内容设计当中运用对比大有帮助，不光是因为它让大脑更强烈地把某些刺激和其他刺激区分开来，还因为对比是思考和做决定时的捷径。比如，我曾帮人在演讲里使用二分法表述，“这是最好的时代，这是最坏的时代”，我们用狄更斯的这句名言来形容经济。如果你提供价值，对一家企业来说，这就是最好的时代；如果你不能，那就是最坏的时代。演讲人先介绍了几个提供价值的公司案例（比如通用电气公司、苹果和 Facebook），让受众习惯；接着转到经历了最坏时代的公司，比如提供局域网线材的公司。对比获得了关注，激发了情感，带来了长期记忆。虽然这段演讲是 3 年前设计的，但它的信息和视觉效果我现在还记得。

提供“自生”独特性

有关记忆的研究文献提供了丰富的证据，表明如果听众有机会自己生成内容，那么，相较于其他人告知相同信息的情况，他们有望更清楚地记住内容。

> 记住自己怎么解决问题，
> 比试着记住别人的解决办法更容易。

任何跟“自己”相关的事情，都能带来更好的记忆，因为跟保持被动相比，我们受邀发挥主动性时自然会给予更多的关注。我们会在新内容和现有内在图式之间建立更好的关联，稍后检索时得到更好的线索。

假设你是个跑步选手。以下哪一条路线你能在短短几天时间里记得更清楚呢——一条是你刚完成的、由他人推荐的路线；一条是你刚完成的、由自己规划的路线？旧金山广告文案克莱尔·威科夫（Claire Wyckoff）因为用“跑步路线作画”的技能出了名。她自己规划跑步路线，以求创造出具体的形状。如今，诸如 Strava、Garmin 和 Nike+等锻炼跟踪软件不光能帮助你记录下跑步距离，还能记录跑步路线的形状。MapMyRun 公司 2014 年发起了一项赛事，邀请人们提交自己最具创意的跑步路线。人们提交的路径图包括机器人、吉他和动物。有人围绕旧金山金门公园和附近部分居民区跑出了一条柯基犬的形状。我们可以肯定，克莱尔能很清楚地记得这些路线，因为要完成它们，需要付出极大的关注，进行多次重复，外加大量的自生线索和工具。到目前为止，克莱尔已经完成了 20 条街道绘画，内容包括《捉鬼敢死队》里的史莱姆、朝圣者的头部、鸟笼（为纪念过世演员罗宾·威廉姆斯而创作）。说到由此带来的好处，她忍不住笑起来。“为了画这些图，我在跑步过程中更投入了。”她说，“为了完成一幅画作，我能再多跑5公里。”

神经科学家证实，自我参照能提高长期回忆度。例如，给受试者看一份性格特质（如诚实、懒惰等）清单，如果你问他们，“你懒惰吗?”或者“你诚实吗?”他们往往会更好地记住这些词。反过来说，如果问的是“这是一个可取的词吗?”或是，“这个词听起来熟悉吗?”又或者，“你最近读过、听过或用过这个词吗?”人们记得就不那么清楚了。任何能带来评估处理的编码，都跟记忆的提高挂钩。

你为别人创造内容的时候，请他们来回答问题：“这段内容把你再现得怎么样?”“它有什么地方跟你的现实相符?”甚至“你喜欢这段内容的哪些方面?”举例来说，回到先前预测分析的例子上，大数据有三个“V”：velocity（速度性）、variety（多样性）和veracity（准确性）。如果我们希望受众记住这三个“V”，可以这么提问：“这三个词形容了你的什么方面?”跟单纯地看一看这三个词相比，使用自我参照阐述方法后，受众三天后记得它们要容易得多。较之被动地观看其他内容，自生内容更主动，也更独特。

借助人情味来实现独特性

如果我们把独特性视为“对预期的背离”，那么，借助人情味带来的背离，是很多人都理解同时也难以忘怀的。我们设计自己的沟通，是为了方便他人。让我们来看看，把一段正式的、以技术为导向的信息变成一段非正式的、以人情为导向的信息会带来怎样的结果。“不研究算法设计、数据建模或者可视化分析的时候，我很喜欢滑雪。”之前我们在 EMC 公司见过的数据科学家佩德罗·德索扎说。

来看看这段对话，它节选自对《陆军野战医院》（*MASH*）传奇导演罗伯特·奥特曼（Robert Altman）的采访。他回忆了自己在二战中的经历。请注意他从简单地陈述事实过渡到对人性的评论，这让他的回答显得更鲜活了。哪一部分你会记得更清楚？“我是一名飞行员。我在南太平洋开 B-24。我完成了差不多 46 次任务。我们经常会被击中，吃很多枪子儿。有点吓人，但你那时候年轻着呢；事情不太一样。我才不到 20 岁，心里想的全是姑娘。”

再来看看诺贝尔和平奖得主、前苏联总统戈尔巴乔夫怎样用人情味突出一段原本不带感情的信息。20 世纪 90 年代，他创建了国际绿十字会，这是一家全球性非营利性环保组织。因为他对生态问题严肃认真，人们常常问他为什么会决定给路易·威登打广告。他回答说："广告收入归国际绿十字会和美国的全球绿党（Global Green）。"接着，他补充说，"再说了，我去过很多地方，一个好袋子很趁手。"

户外品牌巴塔哥尼亚的CEO罗斯·马卡里奥（Rose Marcario）也通过人情味实现了独特性。最近，她让公司采用环保理念经营她的公司。巴塔哥尼亚建议消费者不要购买自家的衣物。这种做法让公司牺牲了部分收益。公司还把自己在产品上的突破之处与竞争对手分享——以求减少对环境的损害。巴塔哥尼亚在广告活动中传递了一条充满矛盾的信息，"别买这件外套，"它的意思是，不要购买并不需要的东西。

我还记得，在我参加的一次研讨会上，一位医药专业人士做了一次演讲。演讲的大部分内容聚焦于关键且相当技术性的问题。接近尾声的时候，她给我们看了一段视频，患者在接受双乳切除术之前，就着碧昂斯的音乐和医务人员一起跳舞。我们都被打动了，也一起跳起舞来。一个星期后，我在班上做调查，问大家还记得哪些内容。所有30名与会者都提到了那个瞬间。无一例外。

你能找出方法，用赋予商业人情味的办法来创作独特的内容吗？

用意义造就独特性（触发行动）

2009—2010年间，两位作家约书亚·格伦（Joshua Glenn）和罗伯·沃克（Rob Walker）联手进行了一项文学和经济实验，想看看为对象赋予意义能否吸引关注，打动人们用超出其本来价值的金额来购买它。他们在旧货店购买了总价129美元的各种小玩意儿。他们为每样东西花的钱不到2美元，随后请各色作家为它们逐一撰写故事。他们在eBay上发布这些东西及其故事，静观其变。

一把汽车旅馆的破旧钥匙，他们花了2美元。故事由小说家劳拉·李普曼（Laura Lippman）执笔：

> 妻子在为丈夫收拾零碎杂物。她问他为什么多年来都留着这把钥匙。钥匙上刻着新罕布什尔州拉科尼亚珀金斯汽车旅馆三号房。丈夫回答说，钥匙让他想起了电影《惊魂记》（*Psycho*，主演是安东尼·珀金斯，丈夫认为他“很酷”）。妻子不为所动，丈夫又提到，自己是跟一群“大学伙计”旅行时在那家汽车旅馆住宿的，他忘了还钥匙，于是就有了它。“你选择相信还是不相信的关键时刻到了。”妻子暗想，“婚姻就是一种信仰，无关理性思考。”她意识到，汽车旅馆早就不再使用传统钥匙了，哪怕是在新罕布什尔州的拉科尼亚。不管丈夫珍视的记忆

到底是什么，它很可能并不仅仅是跟一群“大学伙计”共度的夜晚。她想，不管是为了她好，还是为了他自己好，丈夫大概都只想把这个故事藏在心底，他不想破坏三号房里发生的那些事情。

这把钥匙以 45.01 美元的价格卖了出去。

作家本·埃伦瑞希（Ben Ehrenreich）讲述了一个玻璃珠罐子的故事。故事开头就让人欲罢不能：

> 每次我们接吻，我就从你头骨里取出一颗玻璃珠。“还给我”，每次你都这样说。

这个故事的剩下部分是两个人的超现实对话，从驼背、诺姆·乔姆斯基、碧昂斯，讲到叙述者的爱人把电视遥控器摆得漂漂亮亮，弗拉基米尔·普京变成了一只乌鸦，以及在 Facebook 上跟叙述者结成好友。读者来到最后一幕，只看到这样一句引人深思的话：

> 我吻着你的手指，吻着你干裂的嘴唇，我扬起空着的那只手，插入你的头发，我往下戳，摸到圆圆的一坨，我用指甲挖进去，又从你的头骨里挖出了一颗玻璃珠。

用 1 美元买来的这个玻璃珠罐子，以 50 美元卖出。

总体而言，“纪念品”项目赚了 8 000 美元，完美地说明了意义在决策中的影响。

回顾你自己的内容，想一想：任何时候，世界都充斥着影像和声音，跟你同时争夺着听众的关注。人类意识处理信息的能力有限，只能选择相关的刺激，优先做进一步处理。在这个数据不断爆炸的世界，我们该怎样创造有意义的内容，带来回忆度、对决策施加影响呢？

请为受众送上三号房间里发生的惊心动魄的故事。

要点

- 因为孤立的项目能吸引到更多关注和叙述时间，独特性对长期记忆至关重要。此外，孤立的项目跃入前景，减少了来自其他项目的干扰，而且数目较少，长期而言更容易回忆。
- 类似的东西越多，要检索它们就越难。然而，要让大脑检测出独特性，又必须铺垫一定的相似性。
- 大脑在不断寻找奖励。在商业环境中，许多信息都差不多，我们可以通过强调奖励框定切实的结果，从而创造独特性，提高回忆度。
- 如果你不是第一个进入市场的，观察你领域里普遍存在的相似之处，接着展现出独特性。让你受众的大脑习惯相似性，这样你的信息才更容易脱颖而出。

- 一个项目跟其他项目的区别越大，效应越强。选择你想要孤立出来的特点，让它和相邻项目至少存在30%的差异，从而提高其独特性。
- 找机会偏离你受众已经习惯的现实。
- 通过思考对立面来创造独特性。它大有帮助，不光是因为它让大脑更强烈地把某些刺激和其他刺激区分开来，还因为对比是思考和做决定时的捷径。
- 提供“自生”独特性。
- 靠人情味和深刻意义来实现独特性。

第九章　怎样让故事强化记忆

你两天前穿的是什么衣服？在继续往下读之前，请花 2 秒钟想一想。

如果你试图回答，你的脑海会迅速计算出哪天是“两天前”，从这个地方，它跳到你当时在哪里（在工作、在家里还是在度假）、在做什么（跟客户开会、花时间陪伴家人），有哪些相关的想法、事实和感受跟那一天挂钩。举例来说，如果那一天你正和自己喜欢的人在一起，做了一些有意义的事情，你会想到一些积极的情绪。如果情况与此相反，那么你很快会激活消极情绪。如果这些因素便于检索（视觉、行为、事实、意义和情绪），那么，你会发现问题很容易回答。

但也可能，你发现这个问题很难回答，大概是出于如下几个理由。其一是干扰，也就是说，同一类别下有太多回忆都很类似，而类似的刺激得到了足够的重复，特定的就变成了泛泛的。例如，如果你大部分时间都在同一间正规办公室工作，每天都做类似的事情，你的着装风格主要是商务休闲，彼此之间不太容易区分。那么，你就很难准确回答“你两天前穿的是什么衣服”这个问题，但你可以给出个大略。我得到的典型回答是，“我穿着裤子和衬衫。”

我们在这个问题上很纠结，还可能是因为两天前穿什么对我们而言没有什么深刻、实用的相关意义。有人兴许会说，“谁在乎?”如果我们两天前接受工作面试，或是有一次重要的见面，我们很想给人留下深刻的印象，那么，我们的态度就会有所改变。意义，以及附着在这些视觉因素和行为上的情绪，充当了事后检索回忆的有力钓钩。

在回忆装束的时候，干扰或缺乏意义或情绪所导致的遗忘不是什么问题。可当我们的受众听到来自我们的信息，却很难把它跟别处听来的东西区分开来，这就成了问题了。如果有人问我们的听众：“两天前的内容你还记得些什么?”他们说不定没法回忆，因为在商业内容这一类别下，有太多的记忆在彼此竞争。在前面的章节中，我们学到了怎样以独特的方式停驻在他人脑海，让他们能轻松又准确地检索记忆。本章我们要对这一主题展开进一步的探讨，回答“人们怎样检索记忆”这个问题。如果我们在 A 点分享信息，并期待人们在 B 点记得它，那么，人们是怎么搜索记忆，回想起我们认为重要的事情呢？

很多情况下，为检索记忆，我们在精神上前往具体的时间和地点，接着搜索当时出现的图像和行为，跟我们开头做的衣服练习差不多。进行这种心理出行期间，我们兴许还会提取有关世界的意义和事实性信息。让我们来看看《生命的意义》（*The Meaning of Life*）一书中对演员阿尔·帕西诺（Al Pacino）所做的采访怎样体现这些元素。阿尔·帕西诺回忆了自己 20 岁冒头电影生涯初放光彩时买第一辆车的情形：

> 我和朋友径直去了经销商那里，买下了这辆白色的宝马。我们钻进车，朝着我在曼哈顿的公寓开。开车的时候，我心想，"你知道，这不是我。"感觉就是不对。不过，我对自己说，"见鬼，你得习惯这一切。"我把车停在公寓前面，一起去买咖啡。等我们回来，想把查理送回家，车不见了。我记得自己看着之前放车的地方，又看了看查理，笑起来。

接着帕西诺来了一段闪回。

> 前几年，查理和我骑着自行车去休斯敦街上的卡茨熟食店。我跟这辆自行车的关系，可跟新买的宝马车太不一样了。这辆车我骑了好几年了，经常骑着它往来于布朗克斯和曼哈顿。我当时没什么钱，它不仅是我的交通工具，也是消遣和乐趣的重

要来源。不要钱又能做的事情很少，这是其中之一。总之，查理和我把自行车停在街上，走进熟食店买热狗。每咬一口，我就转过身去看自行车还在不在。我好像是吃到了热狗上的芥末来着，等下一次转身，自行车已经不见了。我记得自己跑出门，它们早没影了。当时这一点也不好笑。

阿尔·帕西诺检索这些回忆很容易，我们再次向别人复述他的故事也很容易，因为大脑用很自然的方式编码了大量信息。请考虑如下叙事元素：

（1）**上下文里的感官细节**。我们“看到”的东西：汽车、自行车、熟食店（不是随便的哪家熟食店，而是卡茨熟食店）、街道、公寓、布朗克斯、曼哈顿。我们“尝到”了咖啡、热狗，还有热狗上的芥末。

（2）**行动的时间轴**。我们能够可视化事情发生的顺序：钻进汽车、开车、观看、停自行车、笑和跑。

（3）**事实**。我们了解到了一些没有争议的事情，比如卡茨熟食店、宝马经销商、从布朗克斯到曼哈顿的路线。

（4）**抽象概念**。我们了解到一些无关时间和地点的想法，比如拥有一辆汽车或自行车，比如“不要钱又能做的事情很少，这是其中之一”一类的陈述。

（5）**意义**。我们推测出了稍后在其他情况下可以用到的结论：

“有时候，我们对小东西的依恋竟超过大东西。”或者说，“东西的价值是相对的。”

（6）**情绪**。开着新车我们感到兴奋，车被偷了我们充满困惑，事后的无可奈何，停好自行车后的焦虑，自行车不见了以后的强烈失落感。

在你跟他人分享的内容当中，这些感知、认知和情感元素有多少得到了反映？这是一个必须回答的重要问题，因为感知、认知和情感元素的组合，对编码、检索记忆来说必不可少。这一组合还有另一点重要作用：它给我们带来了一套讲故事的公式。

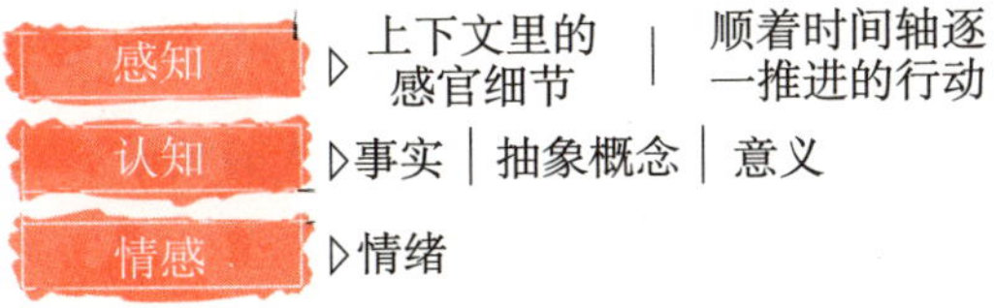

故事讲得令人难忘

考虑到这一模式，很容易看出为什么精心构思的故事会被人记住；好的故事唤起了多种感官，激活了大脑的许多部位：视觉皮层、皮层运动区、额叶、杏仁核，等等。因此，如果我们把故事讲得很精彩（尤其是当成是自己的亲身经历来讲），就能帮助他人编码更多记忆痕迹。从这个角度来看，内容创作上“少即是多”的格言有点像是在吹牛。在故事里，感知、认知和情感元素的组合帮助受众在脑海里建立起更多记忆痕迹和连接。

尽管按某些标准来看，阿尔·帕西诺的故事似乎有点长，可这种长度带来了额外的编码。再加上故事讲得细致，我们建立起了更多可供检索的线索。看到热狗、自行车、熟食店、芥末以后，任何一点都可能触发我们对这个故事的记忆。

一个故事，要是在感知、认知和情感元素上有所缺失或不够平衡，它就容易遭到遗忘。水平欠佳的沟通者讲故事（1）失之于过分琐碎或抽象（事实本身不是问题，抽象概念也没有错误，但如果少了其他元素，它们会导致遗忘）；（2）没有情节——随着时间的推进没有发生什么真正的事情；（3）缺乏情绪强度。

让我们来看看有哪些实用的方法，可以把感知、认知和情感元素结合起来，创作出难忘的故事，影响他人的长期记忆。

保持感知和认知元素的平衡

了解“抽象－具体”和“一般－特定”之间的区别

在创作商业内容的时候，我们往往停留在认知方面（事实、抽象概念、意义，它们大多靠文字来传达），而不是感知方面（鲜明的视觉元素和行动）。下面的介绍很典型：“从购买时买家产生兴趣到销售公司获得收入，在这一商业流程中，我们的解决方案能带来推动作用。使用我们的软件，企业提高销售效率，同时最大化自身能见度……”像这样的陈述对你来说意味着什么？你能想象说话人到底说的是什么吗？过上几天你还能记得它吗？

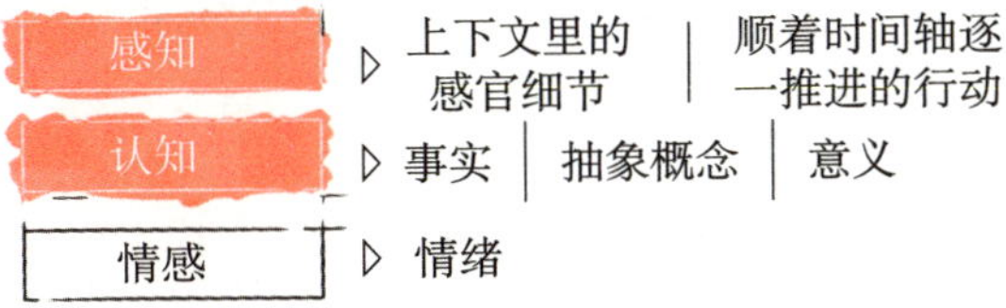

故事讲得令人难忘

出于直觉，人们或许认为，具体的、切实的东西打动我们的感官，跟抽象概念（类似上面的叙述）相比更令人难忘。我们在帕西诺故事里读到的热狗和自行车，比“商业流程”或者“最大化知名度”更生动鲜明。生动的感官细节无疑叫人难忘，但抽象和事实概念同样可以做到，只要它们满足一定的条件。在论述可重复性信息的章节里，我们已经讨论了纳入抽象概念重要性的若干指导原则。这里，我们要更深入地探讨这一主题，并就怎样让事实和抽象概念令人难忘再提供几点指导原则，因为它们在商业沟通中无处不在。首先，让我们对两组相对的词汇下个定义：“抽象与具体”，“一般与特定”。

虽然这些词语可以互换使用（具体＝特定；一般＝抽象），但它们也存在区别。如果我们能用感官去感知某样东西，那么，它就是具体的。转椅、薰衣草、云雾缭绕、樱桃馅饼、智能手机上的短信铃声——所有这些东西，触发了不同的感官。如果我们无法用感官感知某样东西，我们就是在谈论一个抽象的设想或概念（它调动的是我们的认知）。自主、勇气和犬儒主义，就是抽象概念的例子。

虽然抽象与具体是对立的，一般与特定却是包含关系，“一般”指的是一个大群体，“特定”代表该群体里的单个项目。在阿尔·帕西诺的故事里，我们读到的不是一辆一般的汽车（或许只能建立一条记忆痕迹），而是一辆“从经销商那里直接买下的白色宝马”（能够创建多条记忆痕迹）。来看看以下几个说法的区别：“他打了我”，“他把我打翻在地”，“他像动作明星斯蒂芬·西格尔那样飞起一脚踹了我的屁股”。我们说得越特定越具体，在受众大脑里编码的记忆就越多。创意写作课程是了解怎样塑造更深刻的特异性、以影响受众记忆的绝佳途径。

让我们来看看吉纳维芙·菲尔德（Genevieve Field）的文章《我从约会过的最糟糕男人身上学到了些什么》，文中引言来自读者来信。请注意“抽象与具体”“一般与特定”的搭配使用。35 岁的莉兹写道：“我遇到鲍勃的时候 22 岁，被他迷得厉害。他很有男人味，是个糙汉子：他吃生鸡蛋。他朝自己大腿上注射类固醇。他把帽檐往后扣，一边举重，一边喝百威淡啤酒。可要是两个乱七八糟的人碰到一起，绝不会变成《甜心先生》的现实版：没有谁能把对方变得更完整。你们只会用新的恶心方式，把彼此撕得七零八落。”经过了一连串具体又特定的句子之后，抽象的结尾很受欢迎。如果再多举几个具体的例子，就会让人感到是在沉闷地罗列事实。莉兹的来信题为《我们寻找着自认为配得上的爱情》，这是一个抽象的概念，代表了一系列具体的想法。

特定-一般与具体-抽象及其对记忆的影响，有一个悖论。我们以具体而特定的方式度过每一天，但我们往往只记得住一般和抽象的东西，尤其是没有再次曝光或反思的时候。

为什么有时候一般和抽象的东西更容易记住呢？一种解释是，这些概念互相交织，彼此相联，提高了事后检索的概率；另一种解释认为，如果我们在一般或抽象的层面上存储项目，可将它们用来阐释新的事情，为将来的行动做计划。我们还往往更为频繁地访问这类记忆。检索它们所花的精神努力，比检索具体或特定事情要少。

然而，要让受众记住一个抽象概念，我们必须提供具体的细节，帮助他们对信息进行编码。大脑也需要保留一些原始观测数据，更好地适应或巩固概括或抽象的概念。以下是两家组织的使命宣言，它们的目标均为重建部分城区社群。请做对比，哪一条使命宣言过了几天之后还停留在你脑海里？

宣言一："本着志愿服务和社群伙伴关系的精神，我们的目标是改善家庭和社群，让人们过上温暖、安全和舒适的生活。房屋所有权是保持稳定、维系社区的重要因素，我们将以这一认识为依托，达成使命。”

宣言二：“我们将在第九区的低洼地建设 150 套价格实惠、绿色环保、抗风力墙的家用住房。”

第二条消息来自布拉德·皮特成立的基金会，它的使命是向卡特里娜飓风后流离失所的人们提供帮助。迄今为止，该基金会已修建完成了 75 套住宅。几天之后，我们或许记不住具体的数字了，但由于内容具体，我们第一次接触到它，就产生了强烈的信心、连接和信任感。如果第二条使命宣言和第一条相结合，我们能得到一份更有力的“大礼包”：具体细节吸引了我们，唤起我们的情绪反应，抽象的概念我们将保留以备后用。

在商业环境里，太多的内容创作者操作时爱走极端。一种极端是内容过分抽象或笼统，比如此前的“商业流程”和“最大化知名度”。另一种极端是内容过分具体，比如：“数据保护管理器（Data Protection Manager，DPM）是一种备份恢复的解决方案。它对文件、文件夹、Exchange 服务器、SQL 服务器、虚拟机管理器、SharePoint、Hyper-V 和客户端计算机提供安装即用的保护。针对大规模部署，DPM 还允许您通过中央控制台或以远程方式监控备份。”

我们为什么爱走极端呢？之所以投奔抽象的怀抱，是因为我们往往爱下结论，却不喜欢说明我们怎样得出这些结论。这是因为我们不乐意思考细节，不希望用细节浪费别人的时间，或是我们压根儿就不知道细节。让我们看看下面的例子。

有这样一些陈述。“有时候，人们会拼尽全力开快车，心里想着，身为纳税人，道路是他们的。”“人们经常插队。”“有时候，人们觉得自己的薪水太低了，趁工作之便拿些‘纪念品’，可以抵消低工资。”“如果你填写表格没填对，邮局职员会朝你使脸色。”你或许想到了这些具体的陈述，但你不会说出来。你只是简单地说，“如今所有人脾气都不好”，这是你的结论。请注意，这一结论损失了多少感官细节。

投入具体的怀抱，往往是因为人受自我和欲望的驱使想要留下深刻印象。人们想炫耀自己的才华。在一次针对企业高管所办的大脑科学研讨会上，我记得有人说，“如果我在演讲里不把所有这些细节给囊括进去，老板会觉得我偷懒。”

两种极端（内容过分以感知为基础，或过分以认知为基础）都不利于记忆。不管是细节太多还是概念太多，等它们变得重复、可以预见之后，就会令人生厌。要以均匀的比例混合抽象与一般、细节与具体。这里有两个例子。

例一：“就我所见，她什么也没做，只是站在那儿，斜靠着阳台的栏杆，把宇宙搂在一起。”（J. D. 塞林格：《我认识的一个女孩》）

例二：“我在街上碰到了一个沉浸在爱河里的穷苦男青年。他的帽子很旧，外衣破烂，斗篷露出了胳膊，水直往鞋子里灌，而星星透过了他的灵魂。”（雨果：《悲惨世界》）

为了确保我们不在任何一头栽跟头，当我们的内容变得太过抽象的时候，不妨问：“我能举个相关的例子吗？”“我能引入一些事实吗？”当内容过于具体而明确的时候，不妨问，“整体面貌是怎样的？”或者，“什么样的概念，人们可以把它应用于除了这一背景下的其他情况？”大脑不断快进，它喜欢可移植的信息。

这里有一个商业环境下实现抽象-一般与特定-具体恰当平衡的例子。以前，滑雪是个小众市场，滑雪爱好者是他人眼里的麻烦人物，滑雪器材公司的杰克·伯顿（Jake Burton）提出过如下使命宣言，想证明那么想的人是错的。公司从抽象－具体和一般－特定的节奏里找到了诗意的愿景。如果你能实现这样的平衡，根本就不需要什么 PowerPoint 幻灯片了。

我们侧身而立。

在拥挤的酒店房间，我们睡的是地板。

我们起得早，睡得迟。

我们一直受到嘲笑。

不喜欢我们的旅游地把我们拒之门外。

我们百折不挠。

我们憧憬，我们实现，我们破坏，我们修补。

我们创造。

我们摧毁。

我们日复一日地栽跟头，我们为了苦练一个技巧摔断骨头，我们找到了那条勾得我们欲罢不能、反复再来的雪道。

我们在进步。

伯顿的宣言里包含了一个个打动我们感知的具体词汇：“站立”“起得早”“睡得迟”“地板”“旅游地”。它也包含着抽象的词汇：“百折不挠”“创造”“摧毁”“嘲笑”“技巧”“雪道”“进步”。我们还看到了一般概括性词汇：“破坏”“修补”“日复一日”。所有这些词又都搭配了一些细节。我们不光看到了酒店房间，我们还看到了人睡在“地板上，在拥挤的酒店房间”。

分析你正在创作的内容，问一问：感知和认知元素之间的比例是多少？你的语言是否足够具体、特定，能引发反应；同时也足够抽象概括，让受众能提取便于回忆、事后可用于其他许多情况的意义？

根据受众的专业知识来放大细节

判断感知和认知元素的比例，还取决于你是在对专家还是对新手发言。初学者往往会喜欢更明确具体的内容，所以，对这类受众，要放大感知元素。更成熟的听众能容忍更高级的抽象和一般性内容，因为他们对你分享的内容有着更发达的图式。对于这类受众，要放大认知面。

不同的人在倾听专业人士发言时需要不同的细节比例，这里有一个例子。SR-71 是美国一款著名的间谍机，据说是全世界速度最快的喷气机。这架飞机可用 64 分钟，以 2 100 英里的时速从洛杉矶飞到华盛顿特区。有机会驾驶这款飞机的飞行员不到 500 人。伯特·盖里森（Bert Garrison）是前 SR-71 飞行员，我问他还记得开这架飞机有些什么样的感受。他说，他曾多次听到战友们评论："如果你稍微看了看窗外，它（SR-71）就会咬你的屁股。"

这是一个抽象的结论。如果你在跟其他飞行员分享这一结论，不管他们驾驶过什么类型的飞机，他们说不定都能理解这句抽象结论的含义，所以你大可以接着往后说。而新手则需要具体的细节去理解、认识这一结论。驾驶 SR-71 的飞行员，是非常忙碌的飞行员。他为什么会这么忙碌呢？"你的燃料在高速燃烧，飞机速度为 3 马赫（马赫是个表示速度的单位，1 马赫即 1 倍音速，3 马赫是超音速）的话，燃油每小时消耗 45 000 磅。"盖里森解释说，"所以你必须做好燃料平衡管理。你要确保飞机的重心保持平稳。你要保持燃油输入，让它们有效运转，同时燃烧最少量的油。你要不断地检查海拔高度，看燃油流量在该高度是否正确，如果不正确，你就要继续攀升。”这些细节能让新手在对话中产生兴趣，帮助他们理解抽象结论的意义。

不管受众的专业知识水平如何，用受众期待的模式进行引导，随后背离该序列、打破模式的做法（比如感知一感知一感知一认知，又或者认知一认知一认知一感知）都很实用。通过这种方法，我们避免了沉闷，为大脑提供了不变的目标：缓解泛泛而论或过分专业这两个过程。这种双重过程，就是大脑的思考方式。

图片 VS. 文字：哪一种更令人难忘?

此前，我们主要围绕口头信息，讨论了平衡感知和认知细节的重要性。由于许多商业沟通人士容易错误地过分关注认知细节方面(事实、抽象概念和意义)，我们不妨利用视觉元素和行为，在内容里纳入感知元素。说到底，感官信息是我们记忆的基础。

我们对图片的记忆是否好过文字呢？出于直觉，人们认为，图片更难忘，但我们来深入地研究一下，看看情况是否始终如此。创建复杂的视觉元素来涵盖沟通素材不是件容易事；就算我们真的拿到了创作有趣视觉元素的预算，在某些情况下，它们仍有可能遭人遗忘。出于这些原因，分析很重要。文字和数字设计起来大多更容易、更便宜，不过，要让人记住它们也有条件。

视觉元素赢取记忆空间，似乎是因为我们对它们有着条件反射般的偏好。我们是视觉动物，我们主要通过视觉感受器来观察世界。图片往往更令人愉悦，帮助我们更快速地提取意义。它们常常还能唤起更强烈的情绪，提供背景。几天之后，你更容易记住的是哪一种呢？是图像，还是文字？

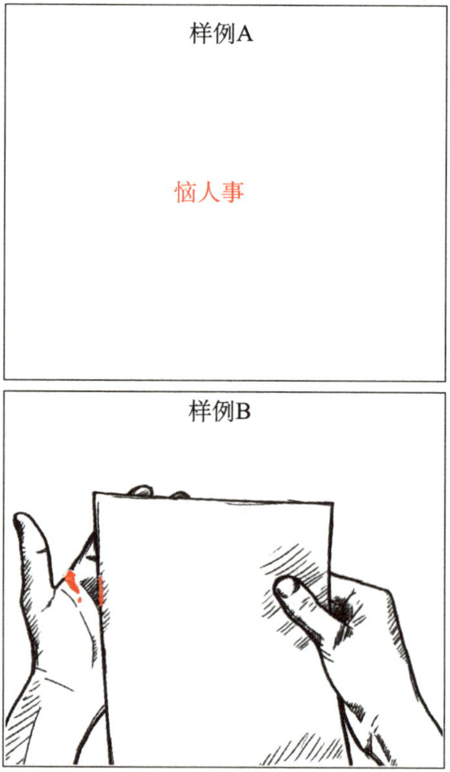

图片比文字更叫人难忘，大多是因为它们一般而言更有意思

许多企业都在利用人对视觉元素的偏爱，这就是为什么 Facebook 的时间轴会那么动人，Pinterest 和 Instagram 会那么受欢迎。这也是数据可视化业务蓬勃发展的原因：跟能揭示趋势甚至带来洞见的华丽图表比起来，谁乐意花上几个小时处理 Excel 电子表格啊？

处理视觉元素一般比处理文字更高效，尤其文字是数字格式的时候。《大脑有漏洞》（*Brain Bugs*）一书的作者迪恩·布欧诺玛诺（Dean Buonomano）说，“我们在蚁群人里找到一张面孔的速度，要比我们算出 7 乘 8 等于多少快。”他补充说，“数量在 3 以内，我们有天生的感觉；但超出这个范围，事情就有点糊涂了。我们或许一眼就能判断霍默·辛普森（Homer Simpson，动画片《辛普森家族》里的人物）有两缕还是三缕头发，但他的手指到底是四根还是五根，你大概就得数一数才知道了。”

这表明，针对图片记忆或文本记忆，我们或许可以换一种方式来提出这个问题：在什么情况下，图片的效果并不好？文字占上风的情况显然存在。如果有人要我们想象一道彩虹，我们可以毫不费力地做到。可如果有人要我们按正确的顺序说出彩虹的颜色，我们就会很纠结了……除非我们记得上小学时就学过的顺口溜：赤橙黄绿青蓝紫。

为比较文字与图片对记忆的影响，认知科学家提出了一种名为双编码（dual coding）的理论：不管我们看的是文字还是视觉元素，我们都有机会对其进行两次编码，也即通过视觉代码和口头代码。如果我们看到香蕉的照片，进行两次编码很容易：一套编码针对自己看见的视觉元素，以及一套我们能快速生成的口头编码（因为给这幅图贴标签很方便）。生成两条视觉痕迹（双编码）增加检索概率，这很有利。当我们以文字形式看到“香蕉”这个词的时候，上述情况仍然适用。我们仍然对它进行两次编码：我们看到的文字，以及它相应的视觉画面（这仍然很容易，因为香蕉是很容易想象的）。

有研究请人们读到文字时生成心理画面，结果发现这些受试者就跟看到图片一样准确地记住了这些词汇。

容易打标签的图片令人难忘，
容易想象的文字同样令人难忘。

文字和图形在记忆中有着同等的潜力。这就是说，我们在创作内容的时候，用不着非得为分享的每一件事创作或购买图片。只要文本能生成心理图像，而且这一图像易于形成，我们就能用文字影响别人的记忆。比方说，“我坐在厨房水槽里写这个”是多迪·史密斯（Dodie Smith）的小说《我的秘密城堡》（*I Capture the Castle*）里的第一句话。接下来，她说：“这就是说，我的脚泡在里面；我身体的其他部分坐在沥干架上，我用狗的毯子和茶壶保温套垫着。我没法说我真的很舒服，肥皂的气味也令人沮丧，但这是厨房里唯一还照得到阳光的地方了。”这些文字极有力量，足以产生双重记忆痕迹。我们不需要实际的照片也能看到她置身的环境。

如果我们没有足够的时间为图片生成标签，视觉元素就丧失了双编码的优势。在一项研究中，参与者每秒看大约 5 个项目，他们记住的图片并不比文字多。科学家猜测，要为图片想出相应的标签，比阅读文字更花时间。

基于目前的证据，我们可以推断，一些文字可能令人难忘，也有图片会遭到遗忘。归根结底，最终，图像和文字都是图形元素。它们各有影响记忆的相应条件。画家伯特·多德森（Bert Dodson）提出了有力的比喻，形容用文字和图片对记忆发挥最大的影响。他请我们想象有两架梯子，其一标为“文字”，其二标为“图片”。他说，你开始攀爬其中一把，可到了某个时候，“攀爬就变得困难起来”。多德森建议，不要卡在原地，“翻到另一架梯子上就行”。一下子，攀爬再次变得容易起来。并不是非此即彼，而是由此及彼，由彼及此。以前文多迪·史密斯的小说为例，她建立了在厨房水槽写作的心理图片之后，她换成了更抽象的描写方法，“……我发现，坐在一个你以前从来没有坐过的地方，是很激发灵感的……”

图片并不总是具备记忆优势。我们经常把文字放在不利地位，这才是它容易被遗忘的原因。在接下来的几页篇幅，让我们来回答以下两个问题：“什么能让文字难忘？”以及，“我们怎样回避容易被忘记的图片？”答案会帮助我们提高讲故事、增强记忆的能力。

把抽象的词汇跟具体的图片链接起来

商业内容包含的抽象词汇往往比特定具体的词汇更多。我们常常听到诸如“企业意识到，它们必须通过高价值体验、成本效益和灵活性提供差异化，这最终能带来其他更高的目标，比如给核心资产加杠杆、创收和品牌忠诚”一类的信息。请注意其中的抽象词汇：“差异化”“价值”“效益”“灵活”和“忠诚”。还请注意概括性（更为抽象）的词汇：“体验”“资产”和“目标”。只要听众从这些陈述中提取的意义，跟说话人想表达的一样，这类信息就没什么不好的。如果内容抽象，你就有必要问：这些抽象概念的意思，对你和受众都一样吗？

出于不同的背景、生活经历、信念和当前意图，不同的人对抽象词汇有着不同的心理图像。以“价值”一词为例。如果你是会计师，你对它的理解或许是特定商品或服务的货币价格。如果你是经济学家，你或许会把它看成是利益和所有权，比如用商品或服务交换其他东西所带来的效用或可能性。如果你从事的是营销工作，你或许会想到商品或服务的感知价值，以及，如果它满足了某种需求，人们是否愿意为它花钱。如果你是数学家，价值仅仅是一个数字代表的量。

沟通抽象概念、让受众为我们所说的话产生心理画面的时候，我们会碰到两个问题：

（1）人们或许会觉得想象某个抽象概念很困难，于是就放弃了。举例来说，以下这些话你该怎么想象：“我们的虚拟化产品能为你的整个运算环境提供一套完整的最优解决方案”？除非你本身从事云计算工作，否则要设想它真的很困难。受众可能会变得头昏脑胀，把焦点放到其他不需要太多认知努力的刺激上。

（2）如果人们不理解我们所说的意思，我们必须要重复讲多次，而这么做效率低下。再说了，要是我们没有机会多次阐明自己的信息，那会变成什么样呢？

确保他人从一个概念里提取的意思跟我们一样，方法之一是把抽象词汇跟具体的图片搭配起来。请看下面与“社交”这一抽象概念相关的图片。人和人想到的心理图片可能是不一样的，这没问题，但如果我们的意思指的是其中之一，那么，至少要让观众从更具体、更特定的角度理解我们所说的是什么“社交”。

抽象词汇与具体图片结合起来控制意义带来的优势是，我们的视觉系统从视觉刺激里提取概念性信息的速度，每秒钟快了3～4倍。麻省理工学院做了一项研究，发现视觉理解所需的最短时间是13毫秒。这很快。这之所以可行，是因为我们一辈子都在完善视觉系统过目一次就将图片和场面归类的能力。麻省理工学院的研究员玛丽·波特（Mary Potter）总结说，“你能以这么快的速度做到这件事，向我们暗示：视觉的任务是寻找概念……大脑整天做的就是这个……尝试理解我们看到的东西……”把抽象词汇和具体画面搭配起来，给我们带来的好处是：快速而高效控制意义。

把抽象词汇跟图像连接起来的另一点优势是，在我们处理图像时，我们不光存储了图片的意义，还存储了视觉颜色、大小、形状和质地等细节，这样一来，我们就是在帮助别人形成多重记忆痕迹，提高检索概率。

很多时候（尤其是尝试把复杂的东西变得更容易理解的时候），沟通人士会运用形象化的比喻把抽象概念跟具体或特定的东西挂钩。说个复杂的东西吧，比如飞机好了。还记得 SR-71 飞行员伯特·盖里森吗？他还驾驶过远程亚音速喷气战略轰炸机 B-52。他记得教官教过自己的一个比喻，永远改变了他的飞行风格。“我当时飞得很糙，我的第一位飞行指挥官对我说，‘你开飞机，要像给端着香槟酒杯的人开车那样。’”这个比喻，他记了几十年。指挥官本来可以说，“要飞得更平稳”，或者，“要放松”。如果我们使用视觉语言，把具体的画面放到人们的脑海里，就有更大的机会创造出强有力的记忆。

为什么比喻拥有如此强大的影响呢？这是一个存在争议的问题。亚利桑那大学市场营销学者马丁·莱曼（Martin Reimann）认为，

社交

你和受众对特定抽象概念产生的心理图像相同吗？

比喻根植于我们的潜意识：它帮助我们随着年龄增长阐释周围环境；换句话说，比喻帮助我们把抽象的情况或环境转换得更切合实际。“在某种程度上，我们人类是靠着比喻理解世界的。”莱曼说。

用比喻来解释复杂和抽象的概念，简单的概念请别这么做。我最近看到有人用了狮群的图片来解释做主管的概念。我们不需要比喻来理解什么是做主管。主管有着明确的意义，在不同的听众当中，这个意义是相当一致的。随着图片库网站的日益流行，太多内容创作人士滥用图片形象比喻，把沟通变得过分陈腐。商业人士站在跑道上、聪明漂亮的人们在进行策划讨论、一枚飞镖钉在靶心，这些图片对记忆毫无吸引力——尤其它们往往还跟容易理解的简单概念相搭配。跟足球、高尔夫、跑车和登山相关的比喻最常遭到滥用，它们老套得几乎没什么影响力了。

假设你有一个复杂的概念，想用比喻加以解释。你有两种方式可选。

第一种方法是**使用旧有的比喻，但为它加上一个新的意义**。例如，你可以从与体育不相关的角度去谈女子网球选手小威廉姆斯，把焦点放在她的创业技能上。

第二种办法是**创造新比喻**。任何一本论述创造力的书，都会引导我们的大脑从习惯性的比喻上转移开去。在《灵魂煎饼》（*Soul-Pancake*）一书中，作者雷恩·威尔森（Rainn Wilson）介绍了一系列摆脱陈旧套路的灵感源头。“去服装店；”他主张，“去看看三角钢琴的内部结构；观察糕点师装点蛋糕；观察调酒师调配饮料；旁听一节莎莎舞课。”这些经历（根据个人的兴趣和舒适度，你有勇气探索的任何体验都可以）能帮助你为抽象内容创造出新比喻。在走出自己的世界，从他人的故事里取经之前，首先从你自己的经历里寻找比喻。

将抽象概念和具体画面搭配起来的优势在于，我们得以更好地控制人们从沟通中提炼的意义。滑雪器材公司伯顿的使命宣言（我们在前面读到过）这样收尾：“伯顿滑雪板是以滑雪爱好者为导向的公司，专门致力于制造全世界最优秀的滑雪设备。”公司希望我们喜欢前一部分的诗意语言，但不希望我们忽略了它的意义。

谈及具体元素的时候（哪怕有些元素是通用的），它们的意义基本上保持不变。例如，椅子（具体且非常通用的物体）的意思，在我们 10 岁、20 岁、40 岁甚至 80 岁时都是一样的。不管我们讨论的是椅子这一通用种类，还是一把具体的椅子，比如“著名工匠山姆·马鲁夫翻新的手工胡桃黑檀木摇椅，售价 80 500 美元”，我们依赖的都是一点：大多数人对“椅子”检索出的都是相同的意思。我们对椅子的重视态度或许会发生变化：有可能，我们年纪越来越大，也越来越需要它；也可能，我们不明白为什么一把椅子会卖那么高的价格。但不论如何，我们对椅子这一概念的理解是相当一致的。与此相反，抽象概念的意义往往随着时间、背景和不同的人而发生改变。

4 岁孩子的希望，和 40 岁中年人的希望，就有着完全不同的意义。

如果别人提炼的意义跟我们想传达的不同，其促成行动的效果恐怕就要打折扣了。对意义加以控制，我们影响后续行动的可能也更大。如果房间里所有人都分享着意味着同一件事的相同图片，这样的谈判最简单。

用具体的背景包装抽象的词汇

下面这幅图中，哪一样你记得更清楚：圣安娜风的画面还是作者雷蒙·钱德勒（Raymond Chandler）的文字描述？

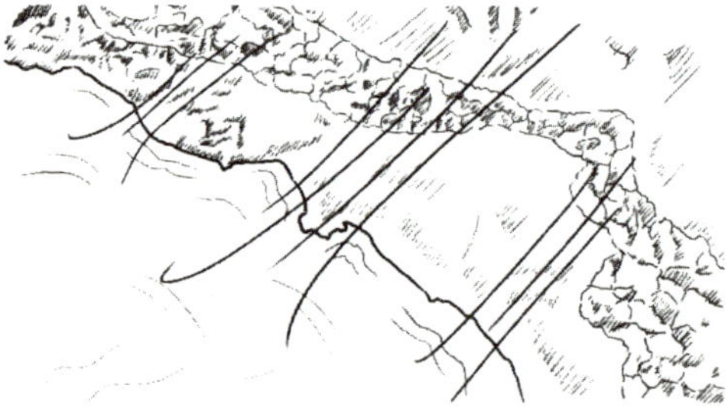

沙漠风

那天晚上，吹过了一阵沙漠风。

它从圣安娜又干又热的火山口冲下来，掠过你的发丝，让你的神经砰砰跳，让你的全身痒酥酥。

在这样的夜里，每一场豪饮的聚会，总不免以打斗告终。

如果呈现在具体的背景下，任何一个数字都能令人难忘。我敢肯定，跟自己的胆固醇水平、新情人的地址、完成赛跑的时间，或是踩着最后期限完成的配额相关的数字，我们都记得住。讨厌数学的人，也有可能喜欢数字。

20 世纪 70 年代，心理学家 D. R. 戈登（D. R. Godden）和 A. D. 巴德利（A. D. Baddeley）设计了一项经典实验，让潜水员在水下学习一张单词表，接着在陆地上接受检验。实验结果表明，随着背景环境的改变，且初始环境得不到恢复，回忆度会降低。这揭示了背景环境（语境）对记忆的影响。科学家们已经把“背景”概念从环境因素扩展到了我们学习新信息时所处的情绪，或学习时的时机。

最近，一项脑电图研究向参与者展示一系列图片（如狗、树和车），请他们指出图片展示的是否是有生命的物体，物体是否可用于室内，是否能放入鞋盒。42 张图片里，有半数可给出肯定回答。部分参与者只看图片一次，另一些则可看三次。可针对可重复看图片的分组，研究人员继续控制条件：是在相同背景下多次看到图片，还是在不同背景下看。检验参与者记忆的时候，研究人员给他们看新旧混搭的图片，要他们找出哪些照片是自己之前看过的。最明显的研究发现是，较之只看了一次的项目，对重复看了三次的项目人们的识别度更准确、更迅速。这种辨识度建立在背诵（此处指的是“recollection”，意思是对细节的记忆）的基础上。然而，对在多种背景中看到的项目，人们同样表现出了更强的熟悉度。研究还证实，深度编码（deep encoding，如让参与者就物体是否有生命、大小如何、可用性如何做出评价）也能增进回忆。

在相同的背景下重复接触相同信息，能绑定内容项目与背景，有利于逐字记忆信息（背诵）。但在现实生活中，情况并非如此简单。我们会在不同的背景下碰到各种事情。此时，我们必须要问：我们希望人们准确地回忆事情，还是差不多熟悉、能让他们在下一次采取对你有利的举动就行了？如果我们想要的是准确，那么，在相同的背景下多次展示相同的信息是有帮助的。如果差不多熟悉就够了，改变背景效果更好。

在创作内容的时候，以下问题也很实用：这一背景稍后可以再现、为检索记忆提供线索吗？比如，你成年之后重访过原来就读的高中吗？你可曾想过，很多事情你已经忘记了，但故地重游一下就激活了潮水般的记忆？在你期望受众记得某件事的时候，他们将置身什么样的背景下呢？你希望他们记住逐字信息（依靠背诵），还是要旨信息（主要靠熟悉）？

最近，我正帮助企业管理行为医疗公司莱拉（Lyra）创作一份演讲稿。演讲的目的是想表明，数据驱动技术怎样使得企业实现行为医疗，提高生产率，降低成本。演讲稿的一节内容里，我们想提出如下观点：数据驱动技术帮助用户准确地找到心理医护。为了使之形象化，我们展示了旧金山的地区地图，模拟用户在搜索引擎里输入不同搜索条件："旧金山心理护理""药物管理""高质量抑郁症护理专家""接受新患者、跟我的人际关系网是否有交点""靠近我的办公室"。每一次搜索，地图上就会有些图标消失，这代表消除了不必要的点击。等演讲人向华盛顿州里士满的受众发表演讲，我们换上了相应的地图，方便受众更好地感受环境，并让地图充当记忆的线索。

拥抱感知

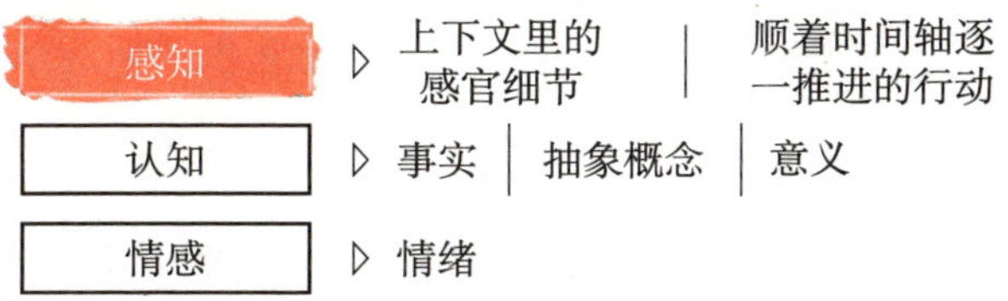

故事讲得令人难忘

创作一支感官交响曲

早些时候，我们讨论了这样的概念：令人难忘的故事包含感知、认知和情感元素，且三者比例恰当。大多数商业传播者能很自如地详述认知元素，列举事实、抽象概念和意义。这是一种保险的技术，能让人觉得自己通过指标、图表和图形带来了价值。

把大部分重点放在事实、抽象概念和意义上，有两个缺点。首先，记忆会比较弱。除非我们经常性地加以重复，否则让受众记住大量事实很困难，而重复在商业背景下又很难做到。有时候，我们只有一次机会留下印记。第二个缺点是，我们提出事实、抽象概念和意义（基本上也就是结论）的时候，很难控制这些结论。如果人们认为是自己得出结论的，更容易采取行动。而如果他们没有看到你的所见所闻，要得出结论很难。出于上述原因，我们需要在内容中插入感官细节。

演讲家兼作家约翰·瓦利恩特（John Vaillant）的 TED 演讲很好地示范了怎样在背景中放入丰富的感官细节。这场演讲的内容是人类和老虎有哪些共同之处。他叙述了自己在俄罗斯远东地区对老虎攻击的研究，他形容当地“是个艰苦偏僻的地方，毗邻朝鲜和中国，温度能低至零下 40 摄氏度……夏天雨水很多，昆虫多得叫人难以忍受……”他于 2007 年开始研究，听说了有人开枪打伤一头雄性东北成年虎的故事。“这些可是大型猛兽，”瓦利恩特说，“它们重达 500～600 磅，一跳能越过这座舞台……它们吃掉的俄罗斯人数量，跟灰熊差不多。”他继续说，老虎走到自己敌人的小木屋，找到了散发着他气息的物品，“把它们咬了个粉碎”。老虎守在木屋外头，直到射伤它的猎人回家，把他咬死在门口。

跟村民交谈过后，瓦利恩特发现，这种攻击是少见的例外情况。人类和老虎有很多共同点：这两个物种都是适应性很强的顶级食肉动物，记忆出众，能够复仇，还有能力解决问题。他演讲的其余部分着重谈到了老虎教给我们有关长期成功、互存（包括可持续发展）的经验教训。他的演讲影响力很强，因为我们在自己得出结论时更容易被说服，获得体验的感官细节后，我们能更轻松地做到这一点。瓦利恩特凭借丰富的细节打动我们的感官，得以在长达 20 分钟的 TED 演讲中维持了听众的注意力。我是好几年前看到他 TED 视频的，至今都能想起其中一些鲜活的细节。

把感知细节包含在内容当中、激活受众的感官，最好又最简单的办法是分享亲身体验。

1990—2003 年，凯文·克雷格尔（Kevin Kregel）是美国宇航局的宇航员。我有幸采访了他，听他讲了从太空这一独特有利观察点回望地球的故事——不听一段这样的故事，对宇航员的采访总显得不够完整。克雷格尔回忆了自己的一次任务，那是在进入太空 8 天后："航天飞机的驾驶舱比 737 大不了多少。稍微宽一点、深一点，但大得并不多。有六个侧窗，两个向上的天窗。我们关掉了驾驶舱里的所有显示器，关上了进入中隔舱的通道，因为那里有灯，必须保持常亮。四下里一片漆黑。尽管空间不大，我们所有人都能很好地控制身体，飘到了窗户边，把脸贴上去，你看不到其他任何人。你能看到下面的地球，还有星星，我们就这样飘了 45 分钟，听着 Pink Floyd 乐队的《月之暗面》（*The Dark Side of the Moon*）。那感觉就像是你真的在飞，并不是在航天飞机里。没有人说一句话。

没有人动弹。没有人碰任何东西。我们都对着自己面前那扇窗户，太阳最终升起来了，壮观之极。”他谦虚地做了个总结，“我猜，那跟在60年代嗑迷幻剂是一个感觉。”

亲身故事影响他人的记忆，不光是因为整条时间轴上都有着丰富的感官细节和行动，还因为（1）它们让你更容易记住，你有更大的可能去分享这些感官细节；（2）你有了背景故事，提供了更多的感官细节。如果人们对你自己经历过的故事存在疑问，你会发现回答起来很容易。如果有人问你阿尔·帕西诺故事的细节，除非你自己就是阿尔·帕西诺，否则你不会知道。如果有人问坐在厨房水槽里写文章的细节，除非你是多迪·史密斯，否则你不会知道；要么……除非你自己亲身试过。万一你真的把脚泡在厨房水槽里，创作出了自己的新演说辞呢？

别用容易被人忘记的图片

图片有能力点燃感官，但不是所有的图片对记忆都有着同等的影响力。这里有一些方法来避开那些容易遭到遗忘的视觉元素。

躲开老套的图片

尽管和文字相比，图片有着物理上的独特性，但它们还是可能因为太沉闷而遭到遗忘。随便上个图片素材网站，看看它们提供的商务人士图片吧，做瑜伽、拿着扩音器、端着笔记本电脑站在山顶上或麦田里——多么叫人尴尬。有时候，沟通人员也匆匆忙忙的，懒得费心思购买图片，我们甚至能看到这些图片的右下角甚至正中央保留着版权方的水印。许多媒体，诸如 BuzzFeed、Mental Floss、Reddit、The Hairpin，甚至《赫芬顿邮报》，绝妙地领悟到了某些商业素材照片的荒唐。2011 年，Hairpin 网站发表了一篇文章，题为《独自对着沙拉大笑的女人们》（Women Laughing Alone with Salad），连续几个月吸引关注，成为热门。

人们为什么要使用老套的图片呢？为了回答，我们来看看哪些变量容易阻碍我们的创意思维：压力、时间限制、担忧、恐惧、未解决的问题，以及其他人的意见。此外，一些创作内容的人疏于观察。谁有时间去寻找与众不同的想法呀，谁有空等着光线恰到好处地照在地板上，或是从不同的角度去看一件东西？我们忙得根本注意不到身边真真切切发生的事情，因为我们正集中精力对付更为务实的问题，比如还要再开一场会，还要回复一封电子邮件。我们越是分心，我们的思考就越浅薄，我们的内容就越是琐碎、老套。只有当我们慢下来，全神贯注，我们才能够改进内容。

在素材网站上找到令人难忘的图片很难。而当我们置身社群、职场或身在旅途时，创作令人难忘的图片却很容易。因为后者对准的是真正的人。抓拍大师亨利・卡蒂埃-布列松（Henri Cartier-Bresson）提醒说，我们只需要“去生活，生活自会给你图片”。

使用生动的图片

为什么看到生动的图片，有助于我们记忆呢？“生动”究竟意味着什么？来自神经科学的研究证实，看到生动的图片时，杏仁核更为活跃。考虑到杏仁核在记忆形成过程中扮演着至关重要的角色，学习怎样创作生动的图片对我们肯定会有帮助。

情绪是生动的一个维度。不列颠哥伦比亚大学认知科学系的研究人员丽贝卡・托德（Rebecca Todd）完成了有关“情绪增强生动性”概念的若干研究。借助核磁共振成像扫描，托德和同事们发现，我们对事物生动性的感知，“能预测事后我们能多生动地进行回忆”。看着自己眼里视为生动的图片，我们视觉皮层和后脑岛（这是大脑整合身体感知的部位）的活动增加。托德说，“对情绪意义强的图片产生更生动的感知，这种体验似乎来自视觉和直觉的双重增强，而这两者的增强，是由杏仁核对事件情绪性唤起程度的运算所推动的。”

在一些实验中，托德和同事们请参与者观看中性的图片，以及能唤起积极或消极情绪的图片。研究人员随后在这些图片上叠加一层噪声，就类似我们在老电视上看到的那种雪花斑点。他们让参与者来评估，跟原始图片相比，每一幅图片的噪声量是更多、更少还是相同。参与者认为情绪强（不管是消极还是积极）的图片，较之基准图显示出更少的噪声。45 分钟过后，以及一个星期过后，研究人员对参与者的记忆加以检验，后者对生动的图片表现出更好的记忆。生动的测量依据，是参与者使用了多少细节来描述他们记住的图片。“两次研究都发现，在提升情绪生动性上得分更高的图片，被人们记得更清楚。”

利用脑成像技术，托德发现，杏仁核、视觉皮层和内感受皮层的活动增加得越多，人们就越是觉得生动。“我们现在知道了，为什么人们会生动地感受到情绪性事件（以及他们能多生动地记住这些事件），大脑的哪些区域参与其中。”

除了情绪，还有其他什么变量能让信息更生动呢？研究速记大师如何完成记忆壮举，比如记住 1 000 多个随机字符串、若干叠扑克牌的顺序，我们能找到一个更为详尽的答案。接受采访时，这些心理运动员们说，自己会把数字、名称或面孔等抽象的信息，转换成拥有如下一个或多个特点的生动视觉元素：滑稽、虚幻、讨厌、罕见、荒唐，而且一定要以动态形式加以表现。举例来说，数字 476 可以是脱口秀主持人霍华德·斯特恩（Howard Stern）跳过一桶葡萄的画面。

生动的意思是，新增一层额外的张力、戏剧性或神秘性，强化听众的情绪。在前面的章节中，我们把情绪定义为获得奖励或避免惩罚所引发的状态。如果我们知道奖励是什么，我们就有更大的可能性去强化刺激。举例来说，几年前，我的朋友，图形艺术家马克·达米亚诺（Mark Damiano）创作了一幅骆驼的照片。如果我们看到沙漠里的骆驼，可能不会留下太多印象，因为沙漠是骆驼的自然栖息地。可穿上服装的骆驼却比较出乎意外。穿着冬季外套前往南极的骆驼，就更出乎意外了。我们越是在戏剧化的、不真实的、滑稽的、不同寻常的背景下感知到熟悉的实体，它在我们的脑海里就越生动，事后也会更容易检索。

探索新的栖息地

如何打动感受大脑

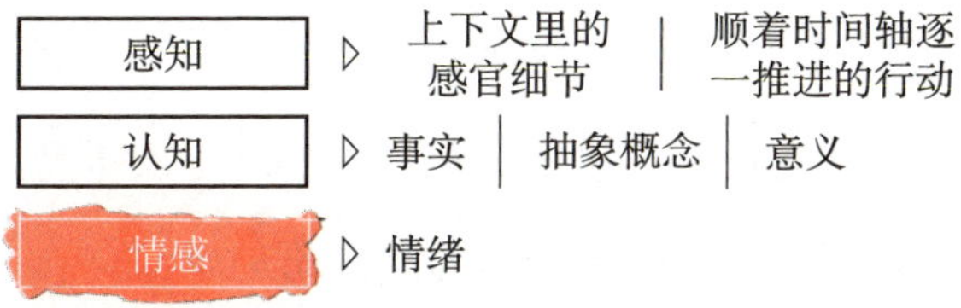

故事讲得令人难忘

你让受众产生了怎样的感受?

在《广告狂人》(*Mad Men*)的大结局里，主角兼广告大师唐·德雷柏，当代电视剧最打动人心的主要角色之一，去了加利福尼亚海岸的嬉皮公社。在一轮晨疗当中，人们围坐成圈，分享各自的问题，看起来马上就该轮到唐了。然而，另一名参与者，伦纳德，却出人意料地抢先开始讲自己的故事：“我在办公室工作。人们从我面前走过。我知道，他们没有看我，”他哀叹着，“我回到家，看着我的妻子和孩子；可等我坐下来，他们连头也不抬。”他眼睛里含着泪，“我做过一个梦，我被搁在了冰箱架上。有人关上了冰箱门，灯熄灭了，我知道所有人都在外面吃东西呢。他们打开门，你会看到每个人都面带微笑，都很高兴见到你，可兴许他们并没有用正眼看你，也并不在意你。接着，门再次关闭，指示灯熄灭。”

他的话语蕴含着如此生动的情绪，我们能够想象它们、能够感受它们，无需真正的图片或 PowerPoint 幻灯片。《广告狂人》的最后一集吸引了 330 万名观众，经过 3 天的视频点播回放，这个数字跃升至 460 万，成为整套剧集里收视率最高的一集。最后一集播出之后，Twitter 活动达到了空前峰值，累计 50 亿次曝光。Facebook 上的观众也认为这一集是“这个周日晚最动人的节目”。

冰箱场景是该剧集诸多引人感触的瞬间之一。好些像这样的场面，贯穿了整部剧的 94 集，它们进入了日常的闲聊，就连那些没看过这部电视剧的人也会谈起。情绪凝固了记忆。想想你的伴侣，你还记得你们之间的第一个吻吗？现在，把这段记忆，跟你搬到如今住处第一次洗衣服的记忆对比一下。

除去重复，情绪是记忆相关讨论中最常为人提及的变量。情绪刺激使得大脑负责编码、存储和调用记忆的区域出现神经化学活动。杏仁核调制视觉皮层，确保优先权限分配给事件的感知和关注，帮助编码。在存储阶段，睡眠期间基于情绪的记忆得到首选巩固待遇，跟非情绪唤起项目相比，它们留下的痕迹更为持久。因为基于情绪的记忆可能有别于来自相同背景下的中性记忆，前者更容易检索。

尤其是在商业环境下，情绪遭到了污名化。它的污名，有可能是来自传统的认识，也即所谓情绪是理性的懦弱表弟，又或者，按照古老的比喻，情绪是理性的奴隶。情绪还可能被视为低等、原始，因为危险又不可靠，是需要加以抑制的东西。但若从难忘内容的角度来说，事情远非如此。

感官知觉是根据认知特性（如柔软、美味、有力）和情绪特性（愉悦、不快、兴奋、平静）来编码的。对体验的这种双编码，能帮助我们理解为什么有些项目容易遭到忘记：它们或许只经过一次编码，没有情绪标记。鉴于我们接触到的刺激那么多，人不断地要判断该把注意力放到哪些事情上。存储起来的情绪标记能帮助我们进行区分，这样，等我们再碰到类似刺激时，我们就不必再思考该怎样采取反应——我们已经知道怎么做了。一如眼睛感知光线，耳朵听到声音，我们的情绪系统负责感知刺激的情绪意义。

我们该怎样在信息里纳入情绪呢？尤其是，内容枯燥、复杂、技术性强，受众又越来越吹毛求疵？这里有一些指导方针。

明确每一种情绪的意义，以及你要使用哪一种情绪

让我们想一想这个定义：情绪是我们在获得奖励、回避惩罚时所感受的状态。我们观察身边各种刺激的时候，会预测接下来将发生些什么，并借此来评估、解码刺激价值。例如，我们看到食品(奖励)，如果我们能得到它，会感觉欢欣。又或者，我们看到食物，我们想要却求而不得，于是我们感到沮丧。朝着奖励前进，我们会产生积极的情绪；远离奖励，我们会产生消极的情绪。避开了惩罚，

我们会产生积极的情绪；受到了惩罚，我们会产生消极的情绪。故此，我们所创作的内容性质是否跟得到奖励或回避惩罚挂钩，就是它能否引发情绪反应的症结所在。

认知心理学家埃德蒙·劳斯（Edmund Rolls）确认并研究了涵盖四重维度的情绪：

（1）朝向奖励时我们会感到：快乐、开心、兴高采烈、狂喜、爱、性兴奋、信任、共情、美丽。

（2）偏离奖励时我们会感到：沮丧、愤怒、怀疑、悲伤、生气、愤怒。

（3）偏离惩罚时我们会感到：释然、解放。

（4）朝向惩罚时我们会感到：恐惧、厌恶、反感、害怕、恐怖、不公平、不平等、不确定、社会排斥。

说到情绪及其对记忆的影响，我们还可以对以下两点进行区分：（1）我们创作素材的情绪内容；（2）人们接收这些素材时的情绪状态。研究结果证实，情绪激活两套网络："执行控制"网络（包括背外侧前额叶和顶叶区域）和情绪"显著"网络（包括前岛叶皮层、前扣带回皮层、杏仁核和下丘脑）。我们展现情绪内容（比如表现某人受到伤害）的时候，受众或许可以领会。但如果我们激发的情绪状态不够强烈，他们或许只是意识到了相应情绪的存在，却对它的感受不深刻，或是不为所动。

回顾你自己的内容，问问看：这四个维度的情绪，有哪一种你可以提出来，同时不让受众产生怀疑或冷嘲？

一般而言，如果存在互惠义务、该义务却遭到违背（如员工与组织之间）的时候，人们会产生冷嘲态度。通常，在商业背景下，我们会在如下情况下冷嘲热讽：

- 组织创造的预期结果分配不公（如高管薪酬极高，员工加薪却很低）；
- 技术差的人却得到了晋升；
- 出现了苛刻的裁员；
- 期望高得不切实际；
- 沟通不够；
- 管理层平庸；
- 角色模糊，职场冲突普遍；
- 工作超负荷令人苦不堪言。

如果你的受众生活在这样的环境里，那么，沟通信息要想给他们留下印象，就必须首先承认背景情况。要是听众正经历着上述变量，（你眼里）用恰当情绪说出来的最有效内容也提不起他们的兴趣。反过来说，在一个完全消极的空间里迎合受众也并没有什么好处。每当你对这样的受众说话，不妨考虑承认他们感受到的情绪，但在程度上加以缓和，不要采用完全不同的情绪。对持冷嘲态度、十分愤怒的听众来说，你可以把他们的情绪跟沮丧挂钩，这样一来，你们在同一情感层面上相遇，只不过调子降低了。这种手法可减少他们对你内容的疑虑。

当然，冷嘲热讽和厌倦差不多，并不总是环境造成的。有一些性格特质会导致玩世不恭，比如自尊，比如相信自己能控制结果，比如对公平的反应（我们认为某些交易是否公平），比如喜欢从负面的角度去看待生活里发生的事情、高度敏感、爱玩弄权术（认为别人都是自私自利的）、工作伦理或个人背景特征等。

回顾你的内容和受众的情绪状态，问问看：你在内容中所包含的情绪，对受众倾听你时所持的情绪状态来说恰当吗？

让我们来看看现实生活中怎样从情绪的四个维度和受众的情绪状态去考虑问题。《创智赢家》（*Shark Tank*）是一档电视节目，5名投资人倾听各种产品和服务的宣传招揽。在创作内容的时候，我们可以从这档节目里学到不少东西，因为它提供了丰富的说服案例：人们有东西想卖，需要说服投资人掏腰包。投资人之一凯文·奥利里（Kevin O'Leary）批评起人来刻薄极了，但也很擅长将比喻和故事跟商业概念挂钩。有一集节目里，奥利里跟一对为儿童系列服装招揽生意的夫妇谈了话。他非常震惊，这对创业家竟然拥有 2 700 种 SKU（库存量单位），他们认为，为了保持该产品线新鲜时尚，必须要这么多的单品。提了若干与业务相关的问题之后，奥利里讲了一个来自希腊神话的故事，表达了他对这种危险商业策略的担忧。

奥利里讲的是主神宙斯和大地之神得墨忒耳之女、女神珀尔塞福涅的故事。“有一天，她去摘花，因为想要采摘更多颜色的花朵，她走得太远了。大地裂开，她堕入了地狱深处。我们现在的地方，就是地狱。”投资人同行马克·库班（Mark Cuban）听到第二句话就假装睡着了。就连一般而言亲切有礼的投资人洛瑞·格雷纳（Lori Greiner）在说到奥利里时也告诉创业家们，“地狱是他的家。”

这个例子，就是说话人（奥利里）的情绪跟身边其他人的情绪状态不匹配。“担忧”意味着我们正朝向惩罚，可其他人却并不在那里。如果非要说的话，单品数量太多，或许会让人有点忐忑不安，在其他人的情绪量表上，这偏离了奖励。可为了不让其他人不以为然，讲一个表达忐忑的故事，或许能更好地为他人所接受。

奥利里知道该在什么时候按下按钮，于是他长话短说，直接点题：选择太多会带来不良的后果。正如我们早前所述，记忆存在权衡。你可以抓住这个机会，使用一种跟受众所处状态略有不同的情绪量表，激发消极情绪。这仍然能带来记忆。消极情绪可以是一个很好的起点，但它不是结束的好地方。

要逐渐地把受众往一个他们感觉适合的地方推。数十年来的积极心理学研究提醒我们，积极情绪能带来发展和幸福，拓宽人们将思想付诸行动的能力。

善用怀旧

怀旧是一种有助于归纳、提炼意义的情绪。它对冷嘲热讽的受众尤其有效，因为它提升了房间里的认知。对过去的浪漫想象，有着巩固与他人纽带的潜力。如果所有人都感觉像是平辈，人们更容易信任对方，也更容易任由他人将自己朝着特定的方向影响。这就是为什么以“还记得从前……”开头的信息会那么有效的原因。还记得从前电视上只有几个频道的时候吗？还记得从前没有手机的时候吗？还记得从前没有 Facebook 的时候吗？

怀旧与说服力有关，因为它能够影响我们的感官、喜好，我们对一件东西或一个人的忠诚。广告商经常利用这一点。我还记得 KFM 电台的一则广告展示了一盒磁带，对话框里说，“iPod，我是你爸爸。”营销人员常邀请我们通过怀旧消费来重建过去。你能对受众采用相同的方法吗？当他们对现在的某样东西幻想破灭，你能从过去找出一块理想之地去满足他们，并从那个地方着手构建内容吗？

怀旧的正式定义是“对家乡故土苦乐参半的渴望”。在这种情绪状态下，我们对理想化的完美过去产生了向往。我之所以能立刻想到怀旧的定义，是因为我是 20 世纪 80 年代在罗马尼亚共产党政权下成长起来的孩子。我常常怀念我家窄小的公寓，在街头疯玩一天没人管之后大吃玉米粥，我们不会长时间地看电视，因为只有两个频道。在回忆往昔“美好时光”的时候，我们忽视了许多负面的痕迹。

如果我对罗马尼亚那个小家的回忆真的足够准确的话，我还必须提到我们一星期只供应一次热水；电力随时都有可能中断，原因不详；你每天都能透过薄薄的墙壁听到邻居家的争执。每天两个小时的电视基本上全是爱国主义的诗歌，政治宣传，以及受过审查的电影。那是个极度匮乏、限制多多的时代，暖气、食物、出行、信息，什么都缺。如果要对怀旧下个准确的定义，不妨这么说：那是乌托邦版的过去。

如果我们正徘徊在过去和未来之间（也即两个世界当中存在一定的焦虑，一个世界你已经习惯，另一个世界正在浮现，你却不知道它要走向何方），怀旧的效果似乎最好。有人会称之为“分裂”。过去几年，我们对这个词听得耳朵都起老茧了。如果我们理解这过渡状态，也就能明白为什么许多人会回过头去寻找情绪上的安全感了。身后的世界威胁意味少、叫人更舒服。（对未来最开始的）未知则引发焦虑。

罗斯·巴列斯特罗斯（Rose Ballesteros）为生产注塑系统（也即让瓶瓶罐罐成型）的赫斯基公司工作。巴列斯特罗斯是墨西哥和中美洲地区的业务经理，最近参加了我办的一轮研讨会。我还记得她在一次演讲里借助怀旧来说明牛奶包装的演变。根据你的年龄，以及你来自什么地方，你大概在电视或杂志里看见过下图的几种牛奶包装。怀旧的效果很好，因为它唤起了过去带来的熟悉感和安全感。（PET 是“polyethylene terephthalate”的缩写，也即聚对苯二甲酸乙二醇酯，这是赫斯基公司使用的突破性成型材料。）

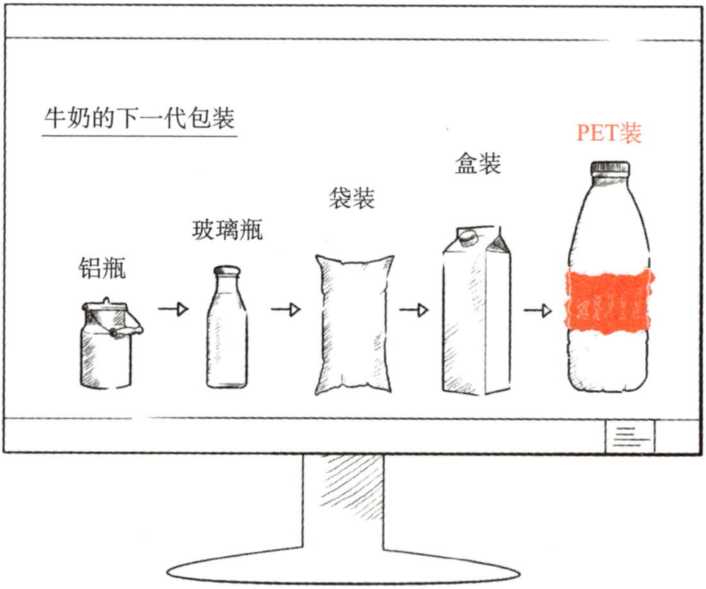

怀旧满足了我们对情绪安全感的需求

善用侘寂

我在大脑科学研讨会上做过的一次最感人练习，是让人们给自己的鞋子照相，并键入一段鞋子可能会讲述的简短故事。请看大家为以下输入内容投入的真情实感：

- “这双鞋带着我的儿子进了大学，叫我可以信心满满地撒手走开。”

- “这双鞋跟我穿的每一条裤子都很搭。有了它，我不用每天多花 60 秒掂量该穿什么鞋了。它让我的生活变得简单起来。这样一来，我每个星期能多出来足足 7 分钟。”

- “穿着这双鞋，我跑完了纽约马拉松赛，走完了西班牙圣雅各朝圣之路。它意味着胜利。”

- “这双鞋走完了一段关系的全程，从最开始到它不幸的终结。从不用系鞋带，变成了鞋带要狠狠地系。从流行音乐，变成了黑色金属。它是我当下生活的见证集。”

- “这双鞋接受了癌症治疗，存活了下来。”

- “我真的很想买一双看起来更酷的鞋。比方说那种鞋头尖尖的麂皮鞋。但我太优柔寡断了。所以，我脚上还是穿着这双一点都不酷的鞋子。”

这些话里蕴含的真情实感，让你对它们过目难忘。侘寂是一种有助于我们保持真情实感的技术，代表的是日本的世界观，万事万物都不完美、不完整、反复无常。正因为事物并未打磨得光可鉴人，完全可测，它邀请我们靠近，建立联系。侘寂是一个要你保持简单，又不沦为无聊的邀请。上网快速搜索一番跟侘寂相关的图片，你会发现，就算那些被拍摄下来的物体被剥离得仅剩下本质，可在情绪上仍流露着暖意。它们简单，但并不单调。

回顾你自己的内容。你是否以温暖、平易近人、谦虚谨慎的方式贴近现实呢？你能否把内容缩略到本质，哪怕不够完美却又不伤及它的诗意呢？

在我的一些研讨会上，我会请参与者创作或找到一张低调、不张扬的图片，但又能解释他们想跟受众分享的复杂信息。以下是我最喜欢的一些：

- 一辆生锈的自行车，卡在枝繁叶茂的树杈里。相关的信息是："怎样经营企业，应该根据如何提供客户价值来进行调整，而不是围绕固有的传统系统变来换去。"
- 一朵枯萎的花朵。相关的信息是："许多平台日复一日地发布警告说，重要的事情即将发生，所以必须使用能实时报告的技术。"
- 一家街角小店的复古照片。相关的信息是："哪怕是最现代化的技术设施，也总有一天会过时。"

这些朴实无华的话语，能唤起受众的情绪，哪怕他们是些最爱冷嘲热讽的人。

善用强烈的情绪

我记得耐克从前有则言外之意颇深的广告："如果你想认真运

动，买耐克鞋。如果你想跳舞，买锐步。”这句话让人印象深刻，因为它增加了紧张感，激发了情绪。这不是一句平平淡淡的话，比方说，“享受跑步，请买此鞋。”这能激发一定的情绪，但并不强烈。你不一定要打压竞争对手，但你必须要问：“我在内容里包含的情绪有多激烈？”

心理唤起研究发现，高度唤起（跟低度唤起相比）能带来更好的记忆。例如，不管是积极情绪还是消极情绪，高度激烈时都比低强度时留下的印象更深（举例来说，敬畏、兴奋和快乐属于高度激烈的积极情绪，知足属于低强度的积极情绪；愤怒和焦虑属于高度激烈的消极情绪，伤心属于低强度的消极情绪；两例中，前者都比后者留下的印象更深）。

你的言语在情绪上越是激烈、干脆，得到重复的可能性越大。比如电影《终结者 2》中的“想活命就跟我走”，《低俗小说》（*Pulp Fiction*）中的“我兜头就给了马文一枪”，还有《沉默的羔羊》中的双关语“我正跟一位老朋友吃饭呢”，都表达了强烈的情绪。

“以下是你获取工作所需工具和资源的方式”，或者，“创造价值的效率必须得到量化和评估”，这一类信息是注定会遭到遗忘的，因为它们跟情绪强度不挂钩。那么，我们怎样增加情绪强度呢？想想眼下正发生的事情，把它们背后的故事跟商业信息绑定起来。大卫·普迪（David Purdie）博士是基因泰克（Genentech）公司患者探访和护理质量部门的负责人。他告诉我，他曾给一群高级管理人员做演讲，在这次会议上，他必须说服对方，有必要组建新的分析师团队。高级管理人员们心存疑虑，认为分析师对他们的决策过程没什么真正的好处。普迪说，“我知道，自带方案和时间表的传统演讲达不到我的目的，没法打动他们采取行动。”于是普迪把这些理性的内容都放到后一轮会议。在第一次互动时，他首先讲述了波士顿红袜队利用分析师拿下了 2004 年全美棒球世界杯的冠军，这支球队 85 年来首次夺冠，背后必然蕴含着强烈的情感。这次演讲带来的效果，让普迪兴奋异常。当时，那本名为《点球成金》（*Moneyball*）的书尚未出版，更不曾改编成电影，所以，在他的商业受众耳朵里，这个故事听起来既新颖又意外。普迪记得，“我那天的演讲为组建新团队打下了很好的支持基础，依靠分析师为决策提供信息的意见，得到了大家的接受和采纳。短短几年内，分析师小组就有了 45 名成员，为全公司的关键决策做信息后盾。”

任何具备高唤起特点（如敬畏、愤怒、开心或焦虑）的内容，都更容易广泛传播，所以，如果我们创作以情绪为基础的信息，不光有望影响人们的记忆，更有希望影响许多人的记忆。有研究分析了《纽约时报》在网上发布的文章（以 3 个月为期），发现跟只能唤起低度情绪（如伤心）的文章相比，包含了高唤起情绪的文章，有更大概率被读者电邮转发。

情绪似乎不仅能影响信息是否会得到重复，还能影响它得到多少重复、多迅速的重复。一项德国研究使用 SentiStrength，通过考察情绪词汇、放大重复（比如把“happy”写成“haaaaappy”）、表情符号和拼写校正等，对推文的情绪进行分析。它检验了 16.5 万条推文，发现推文表达的积极情绪或消息情绪越强烈，得到的转推就越快、越频繁。

长话短说

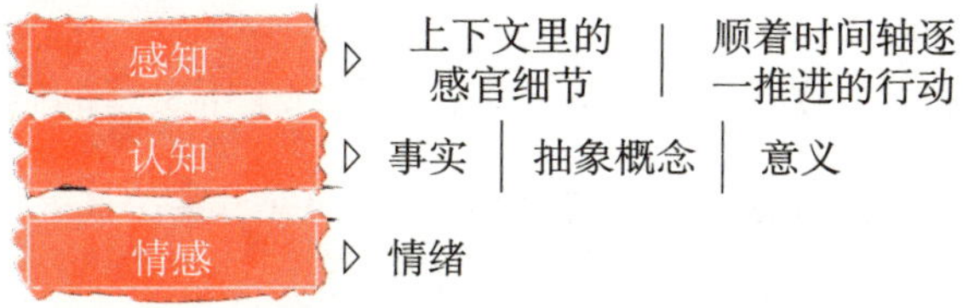

故事讲得令人难忘

本章中，我们讨论了让创作内容在几天、几星期甚至几年以后容易为人们查找检索的必备元素。把这些元素结合起来，就是把故事讲得令人难忘的公式了。说到底，所有的记忆都包括了感官元素、背景细节、形成记忆时的认知过程、抽象概念和意义等元素的部分组合。为了让人在 B 点查找记忆更容易，可调动情绪来确保检索，因为情绪为记忆打上了额外的标记。

我记得来自铂浪高（Blanco Attika）厨卫用品公司的一则广告。

它宣传的是一款水龙头。文字大胆地问，“钢铁里有没有情绪？我们认为有。”接着是一张漂亮水龙头的特写照片，说明文字告诉我们该公司“信奉德国精准技术与工匠精神。它翘起的边缘独具艺术气质，光滑的表面散发着迷人的优美，这尊独特的艺术品凝聚光线，吸引关注”。我还从没想到居然能对水龙头产生情绪反应呢。如果这家公司能为钢铁增添情绪，我相信，你一定能够打通任何受众的情绪，给他们留下持久的印象。

要点

- 难忘的故事包含以下元素：感知（上下文里的感官细节，以及顺着时间轴逐一推进的行动）、认知（事实、抽象概念和意义）以及情感（情绪）。
- 我们可以用感官感知的东西，就是具体的。如果我们不能用感官感知，而是探讨一个概念或设想，就是抽象的。要在沟通中对两者加以平衡，避免习以为常，打破受众的预先期待模式。
- 抽象与具体是对立的，一般和特定却是包含关系，“一般”指的是一个大群体，“特定”代表该群体里的单个项目。根据受众的专业知识水平，放大特定细节（高级受众能更好地应对抽象内容）。

- 文字和图片在记忆中有着同等的潜力。要让图片容易贴上标签，让文字易于想象。
- 把抽象的文字跟具体的图片搭配起来，确保受众从你的信息里提取统一的意义。
- 把抽象的词汇包含在具体的背景当中。针对逐字记忆，要在相同的背景下重复信息。针对要旨记忆，可调整背景。
- 调动感官激活大脑的多个部分，创造更多的记忆痕迹。你分享的个人经历越多，就有更大的机会纳入感官细节。
- 不要用老套的图片。要用生动的图片，以唤起紧张、神秘、侘寂，或怀旧情绪。
- 使用强烈的情绪，向受众展示怎样：

朝向奖励：快乐、开心、兴高采烈、狂喜、爱、性兴奋、信任、共情、美丽

偏离奖励：沮丧、愤怒、怀疑、悲伤、生气、愤怒

朝向惩罚：恐惧、厌恶、反感、害怕、恐怖、不公平、不平等、不确定、社会排斥

偏离惩罚：释然、解放

第十章　怎样对内容进行取舍

在线刊物《史密斯杂志》（*Smith Magazine*）坚信，人应该有地方分享自己的生活故事，所以，杂志的工作人员发出邀请，任何有精彩故事的人都可将之提交到该网站。但它提出了一个条件：用户的人生故事必须限制在 6 个单词以内。以下是一些例子：

New house. New closets. Same skeletons.（新房子。新柜子。旧骷髅。）

Brought roses home. Keys didn't fit.（带着玫瑰回了家，钥匙却插不进锁孔。）

Head in books, feet in flowers.（脑袋钻进书本里，脚踩在鲜花上。）

等过上几天，我们对这些故事的记忆，会比长故事更好吗？简洁有好处，因为要吸收消化的东西不多，它得到关注并能维持关注。

它还带来了一种领悟和完成的感觉，从而制造了积极的情绪。信息小型化日益流行，吸引了当代受众。但如果我们没被微型信息的说辞打动，情况会是什么样子呢？从记忆的角度来说，多短算太短，多长算太长呢？

让我们首先假设你有一条信息，能让受众朝向奖励或躲开惩罚。如果连这个条件都没得到满足，讨论最佳长度就不合适，因为要是内容跟获得相关奖励或避免痛苦不相干，不管量多量少，人们都记不住。满足了这一条件，再按照下面的步骤来确定信息长度。

阐明受众必须记住的内容

在前面的章节中，我们对逐字记忆和要旨记忆分别作了讨论。如果我们希望别人记住确切信息，能回忆起信息的细节，那么，我们要以逐字记忆为目标。如果别人熟悉我们所说的内容，记不住太多细节也无所谓，或者能用他们自己的话来描述所记得的内容，我们就满足了，那么，应以要旨记忆为目标。

逐字记忆与要旨记忆之间的比率，直接影响到了内容的长度。如果我们的目标是逐字记忆，我们必须保留一定的重复和阐述空间，确保这些概念精确地在受众脑海里扎根。换句话说，光是在一条简短的信息里分享若干关键字词，这些内容不会因为简短就变得难忘。

举个例子，假设说，我们希望受众记住创建成功电子商务平台的三个步骤。我们把这三步概括为“促成”（enable）、“调动”（engage）和“执行”（execute）。为了让这些词语扎根，我们必须把它们跟前一章讨论过的东西挂钩：感知、认知和情感元素（也即，具体的场景，用户推荐，抽象观念、事实和情绪等）。我们还必须多次重复这三个词。这些技术会耗费更多的时间，也会增加内容的长度。

表面上看，演讲只跟这三个词有关，似乎可以保持简短。不过，这三个词，有可能跟人们听完演讲之后碰到的其他词相似。在搜索引擎里查查“三个 E”（也即“促成”“调动”和“执行”的英语首字母缩写），你会发现别的人也曾用三个 E 来概括自己的内容。故此，受众很难记住谁说了些什么——除非我们为内容使用强有力的锚点和独特的鱼钩。

如果我们想激发令人难忘的内容，更少并不一定比更多好。有时我们需要更多的内容，我们的目的不是为了创建更多的记忆，而是要创建若干准确的记忆。

简短的感觉很好，
但不见得总能令人难忘。

如果我们以要旨记忆为目标，可以采用宽松的长度标准。只要至少有一条主题信息保持明确，并能为它吸引到关注，我们就可以放弃一些内容。如果内容复杂，我们也用不着牺牲这些复杂的东西，只不过我们要频繁地回到希望受众记住的主题信息上。采用注意线索、重复和独特性这一指导方针，我们能对逐字信息（这条逐字信息把所有内容都串在了一起）和要旨信息进行很好的权衡。

人们听我们说话的时候，工作记忆的容量始终是有限的。在任何特定瞬间，他们只能在工作记忆里保存最多 4 个项目，该瞬间处于焦点的项目，在听众脑海里可能互为关联。要是我们陈述更多的内容，听众将不再建立此类关联。如果关联不重要，人们可以领悟要旨，那么，内容冗长些也能够接受。

确定受众接下来必须做什么

如果我们沟通努力的意图是让他人“喜欢”内容、发表评论或与他人分享，那么，使用简短内容可更好地实现此类意图。另一方面，如果受众需要做出一个棘手的决定，比如在我们身上投入数量可观的金钱、努力或时间，那么，较长的内容更有说服力。

诸如“我们对抗口臭”这样的简短信息，对李施德林漱口液够用了，因为该公司要我们投入的钱、时间和精力都不多。可要说服某个人购买价值 50 000 美元的全新营销平台，一段电梯游说，甚至一场 30 分钟的演讲，都显得不够用。如果一开始我们只有 30 分钟的时间，那么，对话的主要意图就变成了“能不能再安排一次会议，让我们进一步做解释呢?”此时，观众只需要根据一点来采取行动：给我们更多时间。随着信息的逐渐透露，我们可以尝试让他们做更重要的决定。有时候，我们会犯一个错误：对别人的下一步行动野心太大。因为野心大，我们设计的内容太长：我们感觉需要一次性地把所有事情都说出来，好让听众做出购买决策。但实际上，我们这时候（至少在一开始）真正需要做的是，克制冲动，别分享太多的内容，只要他们能做出“多花点时间”的决定就够了。

对检索便利性和信息的质量做出权衡

有这样一项调查：研究人员请参与者回忆自己行为表现自信时（如让老板加薪）的 6 或 12 个例子。接着，研究人员要他们对个人自信度做出评估。如果参与者是根据脑海里浮现内容的质量来做判断，那么，他们回忆 12 个例子时给自己打的自信分，应该高于回忆 6 个例子时。如果他们是根据哪些信息更容易进入脑海来做出判断，那么，他们回忆 6 个例子时给自己打的自信分，会高于回忆 12 个例子时。研究结果证实了后一假设。人们扫描个人历史，容易回想起的记忆会被当事人视为自己的个性特征。脑海里浮现出 6 个容易想起来的例子时，人们给自己打的自信分更高。

如果我们要对别人做出判断，情况就反过来了。我们将更多地依赖所检索到的内容量，而非想到信息的容易度。

在一项研究中，让受试者阅读一份或长或短的论点列表（论点由他人提出），他们受较长列表的影响往往更大。人想到的该雇用你的理由越多，他们提出这一建议的可能性就越大。在这种情况下，人们把事项的数目跟其频率或概率挂了钩。举例来说，如果一项请求包含了 9 个而非 3 个有利论点，人们会更容易被它说服。

在分析自己的内容时，请判断：你是否提供了描述特定受众特点的信息？比方说，你有没有问过受众，在一个智能电话愈发普及、事事讲究“移动性”的世界里运营，客户要求愈益苛刻，他们是不是费力地想跟上新经济的步伐？如果你希望观众认同具体的特征，要保持内容简短。但是，如果你正在论述一个听众没有太多相关信息或背景语境的主题，而且他们还必须做出一个重要的决定，那么，内容长些更有利。

满足他人提出的时间限制

有时，我们的受众很看重自己能划拨出多少发言时间给我们。

有的客户会说，“你有一个小时做这次介绍。”有些人会稍微节省，“我们只能给你 30 分钟。”而在投资人陈述会上，你说不定只有 10 分钟。还有人说不定只希望你来一段电梯游说。

从以下两个问题着手，针对这些情况进行调整：“我希望受众记住些什么？”以及，“我希望他们根据什么采取行动？”明确了这两点，再加上知道人的讲话速度是每分钟 140～160 个单词，你就可以估算自己在 30 秒、10 分钟或 1 小时里能说多少内容了。把这些环节里的每一点都看成让受众靠近奖励的敲门砖。波士顿彪马品牌管理全球总监安东尼奥·贝托尼（Antonio Bertone）把 15 秒的广告看成是“调情”。他认为这是撩拨，而如果你这样看待的话，它们一定得尽量短。“你绝不希望它变成一段过分冗长的笑话。”他提醒我们。

时间限制也有优点。研究表明，如果限制是强加的，那么，我们最终会发挥出更多的创意。看看伊夫·克莱因（Yves Klein）只用蓝色画出来的作品吧。还有那些只用黑白搞创作的摄影师。去看看杰克·岛袋（Jake Shimabukuro）的《尤克里里泣诉》（ukulele weeps）：他用一把只有 4 根琴弦、两个八度的小乐器创作出了动人的音乐。把有限的时间看成机会，阐明你的主要信息。

还有一个切实的问题：我们是否赢得了更多的时间？我记得有一回，我在一家商店冲到收银台前去付款，收银员却开始讲故事。想象一下我当时的反应：我们期望收银员效率高速度快。我们并不期待收银员讲故事。“我昨天做了一个梦。”她这么说。我自私地想着，“她有 20 秒说完这一切。”可她用的时间更短。她说：“我坐了一辆出租车，把钥匙忘在车上了。这是真实发生过的事。昨天晚上，我梦见出租车司机拿着我的钥匙，站在我家床跟前，看着我睡觉。”她简短的故事太抓心了，连另一位购物者都忍不住加入了我们的对话，说这事儿一定叫人毛骨悚然。店员凭直觉知道，自己只有很短的时间打动别人，而她做得极为巧妙。我们可以向她学习：只占用特定情况分配给你的时间，就算你想超过时限，也别超太长。如果我们能顺利做到，就为自己在下一回合赢得了更多的时间。

超出 140 个字符之后……

另一种减轻复杂性、减少所需时间的方法是考虑以下问题：在什么情况下，人会觉得接触到的内容简短？科学实验证明，以下条件会让我们感觉时间飞逝：

> 事情有了可见的进展。在红灯跟前，看到读秒倒数，会减少我们对等待时间的感知。想一想你能用什么方法向受众说明他们在某事（这件事最终能带来奖励）上的完成进度。通过演讲展示进度，为对话设定具体时长（“我会用 10 分钟来讨论 X”），下载时提供进度条，这些都是对时间感知施加积极影响

的例子。

对在线书面内容，阅读位置指示（彩色的进度条，或者表明还剩多少字数没读，甚至“剩余分钟数”）能帮助我们更好地管理心理预期。在正式演讲当中，看到“幻灯片 3/12”也能叫我们宽心。为会议或对话设定特定时限（“会议时间为 11 点到 11 点半”），提及剩余时间（“我们只剩 10 分钟了”），效果也是一样的。

注意力的转移。如果我们的注意力不断转移，对时间推移的体验就不会太过敏感。据我所知，加拿大艾伯塔省埃德蒙顿有一所大学，因为没有办法立刻补救电梯速度慢的问题，管理员就在电梯门边上安放了镜子，减少了投诉。不妨将受众的注意力引向能带来奖励的刺激，并频繁改变刺激，以避免无聊。

美感体验。大量文献表明，美感不仅仅是主观问题。看起来美、感觉起来美的东西，能改变我们对时间的感知；我们想要停留更长时间，更频繁地回到审美愉悦的东西上。

我们怎样才能在商业内容中满足审美需求呢？首先，我们可以确保内容组织得当。很多人认为商业内容很复杂，但往往不是因为它确实复杂，而是因为它显示混乱。诸如接近、对比、突出、层次、平衡、统一等指导方针仅仅是让受众感到井井有条的一小部分技术，这将影响到他们的时间感知和记忆效果。接近指的是相邻元素之间

处理的便利性，带来了美感体验的印象

存在联系。对比通过强调物品在物理或语义性质上的差异来区分它们。突出帮助我们把焦点放在诸多元素中的一个上。层次表明信息成分在重要性上存在区别。平衡意味着这些成分之间平等分布。统一指的是信息的所有成分似乎都是属于一起的。所有这些因素都影响着大脑对信息的处理。举个例子，一项研究给参与者看了 4 种虚构的分子及其名称，接着让他们回忆这些分子与相应的名称，包括它有多少根“辐条”。参与者能更好地回忆起分子及其名字十分接近的组别，因为大脑能迅速地组织它们，留出更多时间进行编码。

试着为听众提供基于事实且结合了良好审美的内容，好让他们像本章开头短故事里说的那样，“脑袋钻进书本里，脚踩在鲜花上”。

要点

- 阐明观众必须记住的是什么，这有助于过滤不必要的内容。
- 当观众显然认同内容的时候，保持简短。如果听众没有太多信息或背景语境，且还必须做出重要决定的时候，你再提供更多的内容。
- 提供价值，赢得提供更多信息的权利。
- 如果你的内容很长，可以通过可见的进度标识、频繁转换受众焦点、让内容在审美上更令人愉悦等方式，改变受众的时间感知。

第十一章　大脑怎样做决定

哪怕用心再良苦，很多该做的事也不曾兑现。想想你的朋友、家人或同事，在过去的一星期，他们中曾有多少人说过自己要去做一些事结果却没做？人们说自己会做什么跟他们实际做了什么之间常常存在差距，而这一差距，对人际关系和生意都有负面影响。

在沟通工作当中，我们在 A 点创作并分享内容，我们希望人们稍后在 B 点记住它，并根据它采取行动。从这个角度来看，研究前瞻式记忆（也就是让别人记住根据未来的打算采取行动）是很实用的，因为它能让我们存活发展下去。如果受众言出必行，我们就能保住业务。如果他们说希望再次跟我们见面，并且真的又来了，我们就获得了前进的机会。如果他们说想聘请我们，并且真的这么做了，我们就获得了发展的机会。记忆的演进，是为了帮助我们跟踪未来。这就是说，对沟通人士来说，思考那些能让自己成为受众未来（尤其是在关键的决策点上）一部分的技术非常有用。

我们怎样完成前瞻式记忆循环呢？在B点，人们或许注意到了跟我们在A点所说之事有关的线索，他们搜索记忆，寻找恰当的行动，并决定根据该打算采取行动（或者决定不采取行动）。如下指导原则可让受众的大脑更容易做出对你有利的决定：

（1）设计难以忽视的线索，将它们与奖励挂钩。

（2）创建预期，释放多巴胺、激发行动。

（3）让重要信息便于事后重复和回忆。

（4）让重要内容跟其他内容有区别，确保前者容易浮现在脑海。

（5）恰当地结合感知、认知和情感元素，把故事讲得精彩。

（6）提供最合适的信息量。

哪怕遵循了这些原则，我们的受众恐怕还是需要更多的说服才会采取行动。本章将为我们提供额外的说服力量。

学界已经发表了不少关于决策神经经济学和神经生物学概念的文章。这两个领域之间的区别是，神经经济学提供旨在预测或解释我们可见选择的模型。神经生物学旨在解释介导行为、产生选择的神经系统机制。这两个领域的见解，都可以为我们所用。本章将介绍建立在研究基础上的指导方针，影响那些在学术圈之外尚未得到广泛讨论的决策行为。

大脑怎样做决定？

本书开篇曾讨论了理解大脑怎样做决定的三个角度。我们条件反射般地做选择：我们出于本能，下意识地对味道、声音、性、新颖性、利他主义做出反应，或对环境加以控制，下意识地迅速决定接下来要做什么。反射所需的大脑资源很少。我在写这段话的时候，来自 Pinterest 的广告突然从电脑上弹出来，"浏览这些照片，把握最新时尚，永不落伍。""永不落伍"这样的信息之所以有效，是因为它调动了我们的控制本能。无视这条信息所需要耗用的能量，比被它牵着走更多。

我们还根据习惯做选择，习惯是我们在探索自己外部环境和内部状态的过程中培养起来的。习惯最初要靠意识去保持，随着时间的推移变成了自动保持。只要习惯能带来回报，耗费的认知能量不多，就容易持续下去。我们还根据目标做决定。根据我们眼中的奖励（公众形象、经济财富或健康），我们愿意做出深思熟虑的决定。跟反射和习惯不同，目标需要意志力，这意味着投入更多的认知资源。

随着生活在一连串的决定（有些决定是完全自动的，有些则纯属策略）中展开，我们可能会体验到一些两相权衡的紧张感。你脑海里本能的声音或许说，“我想吃甜食。”自动的声音补充道，“来一块巧克力棒就太棒了。”而理智的声音则问，“这么高的热量，吃下去还得了？”

回顾你的内容，问：什么能让受众产生冲动？他们渴望什么？什么能自然而然地点燃他们心中的火焰？你能把内容中所使用到的方法分开，以平衡的比例，调动受众的自动和策略决策吗？比如，在新近的一场反吸烟宣传活动中，我们看到年轻的女孩阿曼达·格林写了一份“契约”，答应把自己的一部分自由让渡给一根香烟。画外音坦率地说，“每一根香烟都自带这样的‘契约’；你点燃了烟，就是签了字。”这则公益广告调动了所有的三种决策动力：反射（我们保持控制的自动欲望）；现有的习惯（吸烟）；目标（戒烟）。广告以“知道真正的代价”结尾，迎合的是策略方法（戒烟）。

“自动”是什么？

分析决策时有必要理解“自动决策”的真正含义。心理学家们一致认为，心理过程要成为自动的，必须跟以下四点中的一点或多点挂钩：觉知（awareness）、意向（intentionality）、效率（efficiency）和可控性（controllability）。如果我们对一个过程并无觉知，也即我们并未注意到刺激，那么，它就是自动的，比方说，后台运行着空调，保持舒适的温度。有时候，我们对自己怎样阐释一个刺激没有知觉（比方说我们受到刻板印象的影响），或是相信某物是某件事的成因，但其实并不然（比方说认为一种新型的音乐会毁了孩子），这样的心理过程是自动的。如果我们不必故意启动一个过程（比方说觉得饿了），如果它效率高，不需要太多认知资源（比方说你不用想也知道自己饿了），这样的过程同样是自动的。如果心理过程不可控，也就是说我们不能阻止它，它会持续运转直至完成（如为了消化食物流口水），这也是自动的。

不妨借助自动概念来创作部分内容，因为如果你调动了受众的本能或现有习惯（均为自动的），人们更容易做决定。你可能无法满足上述自动过程的所有四项标准，但只要能达到一两项就很有帮助。我们可以从奥利奥饼干的营销人员身上学点招数。2012 年，公司创办一百周年时，他们给奥利奥饼干造出了很大的声势。营销人员创作了“每日一梗”，在为期 100 天的时间段里，把奥利奥饼干的照片跟当天发生的其他新闻挂钩。比方说，给一块带橙色夹心的饼干安上了轮胎，庆祝火星车着陆。另一块奥利奥饼干跳着“江南 Style”舞。一块带彩虹夹心的饼干庆祝同志骄傲节。这场营销活动邀请人们采取行动，因为它跟人们本就知道的元素挂钩，不要求额外的运算处理力。或许有人会说，这是一场认知高效的活动。这场宣传活动带来了 500 万个“赞”，消费者参与增加了 110%。

我记得有一回，我跟麦当劳副总裁迈克·雷（Mike Ray）合作。他需要做一次演讲，希望通过高效运营提高销售量，提升某地区的收入。受众需要些什么，才会倾听并决定按雷所说的话采取行动呢？现金流。认识到这一点以后，我们根据自动和策略思维创作了信息。现金流的概念会自动浮现在脑海里，所以，我们给演讲取名《服务最好，利润最多》，我们把利润（自动思维）跟运营（策略思维）挂上了钩。雷在另一段内容里敦促受众“创造能创造客户的客户”，把自动思维（创造客户）和策略思维（客户之后会带朋友）结合起来。演讲快结束的时候，雷问：“如果有人把你跟客户的最新一轮互动贴到了 Facebook 上，你会为自己的绩效感到自豪吗？”这同样调动了自动（Facebook 帖子）和策略（客户更满意，现金流更多）兼而有之的思维。

我们向人们沟通新信息的时候，其实就是请他们的大脑在保留原有信息的同时，整合新的信息。这可不是随时都容易做到的。这个问题叫作“稳定性－可塑性困境”。今天，研究人员愈发严肃地对待这个问题：学习新东西，会不会渐渐地削弱对旧东西的记忆？如果人们只学了一次，答案将十分肯定：“会。”这就是在判断我们想要他人记住什么、基于什么采取行动的时候，第一步必须是：把我们的内容跟他们本就知道、已经长期锻炼过的东西挂钩，这样记忆才能长久。

我们怎么知道大脑是根据习惯还是目标做决定？

要检验选择是以习惯为导向还是以目标为导向，方法是观察生物是否会根据新信息改变行为。为说明这一点，科学工作者分别对人类和动物做了研究。比方说，他们训练饥饿的大鼠按压杠杆，获得特定类型的食物。过上一段时间，将食物“贬值”，也就是说，要么大鼠想吃多少食物就能得到多少食物，要么给食物注射药物，让它变得无法调动食欲。接着再向大鼠提供按压杠杆获取食物的机会。它们会根据以往的满足感来采取行为，还是根据最终结果来采取行为呢？

区分是习惯还是目标导向行为的关键因素是，生物所得的曝光量或训练量。在食物贬值之前，如果大鼠只完成过 5 轮（每轮半小时）压下杠杆获得食物训练，那么，等到食物贬值之后，它们不再按压杠杆。可要是大鼠完成了 20 轮压杠杆训练，就会出于习惯继续行动。这就是为什么诸如开车上班等高度熟练的行为会变成自动行为，哪怕明知有害也不管不顾，比方说无视施工标志，仍然选择惯常的上班路线。

最近，科学家在人类身上重复了贬值实验，看看什么东西能让人类根据习惯或目标采取行动。32 名不节食的健康参与者接受训练，把不同的行为（按下按钮）跟获得薯片或巧克力豆建立关联。一组受试者接受的训练量是另一组人的 6 倍，之后，食物贬值（也就是说，参与者可以随心所欲地吃薯片或巧克力豆）。后来，等研究人员再次要他们按下按钮来领取奖励，接受了更多训练的那一组参与者会根据习惯继续采取行动（尽管奖励已经贬值）。

思考你自己的内容，提出以下问题：受众执行你希望他们改变的任务有多长时间了？如果他们并没有做太久，那就展示以目标为导向的信息（如“减少上 Facebook 的时间，让工作更富成效”）。如果他们已经做了很长一段时间，就把你想要看到的转变跟现有习惯绑定在一起（如“每当看到 Facebook 弹出通知，都要在打开它之前干一会儿工作”）。

如果你的内容旨在说服人们改变现有习惯，一定要记住：习惯的形成，靠的是“做”，而不是“不做”。从正面的角度为你的信息搭建框架。想想看，要是耐克的著名广告口号“想做就做”，变成了“切莫拖延”，会有什么效果呢？

大脑怎样知道该重视些什么？

为了确保生物适应性，大脑在演变的过程中学会了关注内部或外部线索，迅速判断其预估价值，计算最优选项以获得奖励，进而采取行动。知道了这一点，我们就可以列出做任何决定都必然会包括的步骤了：

（1）确认感官刺激：这是什么？

（2）选择能实现奖励最大化的行为：它值多少？

（3）根据打算采取行动。

（4）评估结果：你准确地预测到了结果吗？

请注意，做出选择的第一步是关注刺激。这意味着，为了促使他人根据打算采取行动，我们必须把人们的注意力吸引到我们认为重要的事情上。比方说，我浏览着一本杂志，情不自禁地读了有关德米特里·莫罗佐夫（Dimitry Morozov）文身的故事。莫罗佐夫是来自莫斯科的艺术家，也是个自学成材的工程师，他在自己的左前臂上纹了一道 8×3 英寸的条形码。如果用合适的工具扫描，他能得到……音乐。莫罗佐夫在 Photoshop 软件里设计了条形码，又用两个黑线传感器、一台步进马达和一台任天堂遥控器拼装出了扫描仪。马达指引传感器顺着文身前进，每根条纹的长度决定了声音的持续时间。如果他挪动胳膊，Wii 的加速计就会检测到变化，改变音调。跟杂志里的其他文章相比，这个故事里包含了足够的熟悉度和新刺激，促使我决定看下去、投入其中。

一旦我们吸引了人们的注意力，他们就会选择行动实现奖励最大化，这一奖励取决于人们为其赋予了多大的价值。磁共振成像研究证实，大脑整合感官和奖励信息以做出选择，它根据一套净值来权衡收益和成本。神经经济学家约瑟夫·卡贝尔（Joseph Kable）和保罗·格利姆彻（Paul Glimcher）称这一抽象的价值指标为“选择的共同货币”。

我们通过经验和巩固来了解价值。每当我们了解到自己行为的主观价值，大脑就编码进一个“教学”信号。每当我们采取同样的行为，体验到结果，我们就借助原有的价值和奖励预测误差（它代表体验到的结果和预期中的结果之差异）来更新估值。

到了选择的时候，我们检索存储价值，再把预期回报的幅度及获得奖励的概率考虑进去。有一个神经经济学家经常使用的短语，叫“预期效用”，它指的是预期结果的期待值，一般是通过过去的体验了解并记住的。如果你喜欢去网站 TED. com，整体上也能从中得到良好的信息，那么，你将期待，如果你今天上该网站，也能再次得到良好信息作为奖励。

面对选择，我们往往会记住跟结果相关的整体愉悦或不满。结果的刺激属性，是我们体验效用的一部分，依赖于当时的状态。例如，我们对食物的记忆，会因为我们是饿还是饱而有所不同。故此，如果我们对未来有着明确的目标，就会把来自过去的结果价值知识结合起来，计算决策效用。

我们普遍预期未来的回报跟从前记忆中的一样好。可对从前没有经历过的事情，我们又如何做决定呢？我们仍然可以计算它未来的价值：估计它跟我们记得的某件事相似性有多大，借助从观察他人、推论或者他人指导中所得来的知识。

光是简单地将价值编码并存储起来还不够。我们还需要根据选择采取行动。一旦大脑注意到价值高的事情，便会从一组选项中做出选择，将它传递给运动系统加以执行。

做出选择之后，我们会评估结果。这个过程更依赖于高级认知过程，并独立于最初的刺激。例如，如果有人用“贵”或“健康”来评估食物或饮料，你对自己的体验会做出不同的评估——这就类似：闻到同一种味道，你心里以为那是臭脚丫子还是高级切达奶酪，会让你做出不同的评价；又或者，你看着同一幅照片，但以为它是博物馆藏品还是计算机程序生成的大路货，会让你做出不同的评价。这就是说，就算是在受众接触到了特定的沟通体验之后，你仍有可能影响他们的价值记忆。用“很值得”“很有帮助”或者“很切题”等词汇来描述你跟他们的互动，能帮助你巩固进行下一轮互动所需的价值编码。

我们怎样了解人们看重的是什么？

既然奖励推动决策，那么，当我们创作内容的时候，最大的挑战之一就是要弄清楚受众认为什么是奖励。由于人们重视的东西有所不同，清楚地说明奖励极具挑战性。汇丰银行的一则广告对此做了很好的揭示。广告从背面展示了三个人的光头，分别贴着“风格”“战士”和“幸存者”。主题句提醒我们：“只有理解人们看重什么，我们才能更好地满足他们的需求。”

人们看重的到底是什么呢？

这个问题之所以重要，是因为有太多企业跟客户谈了又谈，却不关心客户到底看重什么。2014 年，麦肯锡对 1 408 家公司做了调查，发现企业高管相信，客户最欣赏的品牌“在产品或服务中提升并实践可持续发展”“具有全球影响力”“是创新推动力”，或是“倡导多元化，讲究机会均等”。可等麦肯锡询问客户真正在乎什么，公司视为重要的因素在客户眼里却没有统计上的意义。相反，客户真正想要的是品牌“跟客户进行诚实与公开的对话”“在供应链上对行为负责”“有着高度的专业知识”“跟我的价值观和信念相一致”。可以想见，如果你看重的是专业知识，却听到了一场宣讲产品可持续的推广会，一定会感到十分无聊。

把精力投入到人们看重之事上，正面的例子来自《爱丽丝梦游仙境》。这本书真正的成就不在于全球所有主要语言都翻译过它，而在于它居然翻译成了其他语言。故事里充斥着无数的双关语和文化背景，译者们必须充分发挥创造力，让读者理解有益的、有价值的核心内容。比方说，刘易斯·卡罗尔在英文原版里戏仿儿歌《一闪一闪亮晶晶》，作了一首诙谐诗，内容如下：

一闪一闪小蝙蝠！

我不知道你想说什么！

飞到世界的上面去，

好像个空中的茶盘。*

为了让译文符合德国读者的文化背景，方便其理解，译者把这首戏仿诗改成戏仿德国圣诞颂歌《圣诞树》（O Tannenbaum）。译文梗概如下：

哦，鹦鹉，鹦鹉啊！

你的羽毛多么翠绿！

不仅风和日丽时是翠绿色，

风雪交加时也不改变。

史密森学会的作家安德烈·阿普尔顿（Andrea Appleton）说，有时候，为了更贴近语义和文化内涵，我们必须“牺牲字面阐释”。儿童文学专家伊玛·奥沙利文（Emer O'Sullivan）评论说，“所有的翻译都是改写”，判断原来的故事保留了多少“是个程度问题”。这

---

* 原版《一闪一闪亮晶晶》的歌词是：“一闪一闪亮晶晶，满天都是小星星。挂在天上放光明，好像许多小眼睛。”

里，我们从本书开篇的最初对话（也即主张创作内容时关注比例，而非追求绝对精度）画出了一个完整的圈。准备好牺牲部分准确性，不是削弱真相，而是针对特定人群调整内容，向受众提供他们觉得物有所值的东西。

怎样更准确地判断人们看重什么，不再靠瞎猜呢？好几种技术都能做到这一点。我向 Adobe 产品营销总监凯文·林赛（Kevin Lindsay）请教，基于客户最看重的东西帮助他们做决策（尤其是在网上购物时）有什么样的最佳途径。林赛介绍了转化率优化（conversion rate optimization，CRO），它着眼于理解购物者在购买过程中不同的时间点所做的决策。他建议说，要在每一步做出增量改进，反复检验。他指出，“如果你通过测试发现，对至少有 10 条用户评论的商品，用户把它加入购物车的概率更大，那么，你可以着手把购物者引导到评论最多的商品上。如果买一赠一比八五折优惠能吸引更多人浏览你的商店，那就多留心前者。测试为我们提供了一种可靠的统计方法，验证人们到底看重的是什么。”

了解客户看重的是什么，在实践中能发挥作用吗？林赛说起曾帮助一家零售商执行转化率优化工作。当时，该零售商有大约 1 300 万的独立访问数，但转化率却徘徊在 2.8%上下。林赛说，“采用严格的转化率优化之后，短短 3 个月，转化率就提升到了 3.1%。如果你觉得这听起来不太多，那就这样想吧：每年的收入增长了 3 300

万美元！”

我们赋予不同对象、人员和体验的价值，可以是功能性的、具体的，也可以是更抽象的。举个例子，有些东西，我们因为看重它们的具体功能而购买，比如洗碗机，洗涤剂，或是保险。但我们也会因为情感价值而买东西：想想你上一次使用 GoPro 相机的情形，又或者，跟朋友一起享用美食、美酒，一起看电影，等等。

已有不少人研究过情绪对注意力、记忆和决策的影响，而注意力、记忆和决策是本书的三大支柱。当我们面对情绪性事件，杏仁核会调制视觉皮层，确保我们把注意力引导到这些事件上。一如海马体为存储记忆所必需，面对高度情绪性事件，杏仁核调整记忆，确保事件得到保留。情绪充当了重要信息的标识，这就是为什么在决策点上，我们有更大的可能回忆起情绪性事件而非情绪中性事件。

研究揭示了诸如快乐、悲伤、紧张、焦虑等情绪怎样影响决策。以紧张为例。置身紧张局面，我们往往不愿意冒险去寻求收益，但却愿意冒险以避免损失。悲伤的情绪会促使我们为了更大收益承担更多风险。焦虑则让我们偏好低风险、低回报的选择。比较起来，有些人生来就更焦虑或者更快活，这就是人们选择各有不同的原因。

改变情绪，

可以改变价值。

我们还会根据认识价值来选择对象、人员或体验：这就包括能带来知识发展和智力刺激的产品或体验，比如书籍，研讨会等。我们会因为美学价值看重某些东西，如衣物和饰品。我们还会因为感官愉悦寻求享乐价值，所以我们喜欢高档酒店，好玩的夜总会。有时候，我们会基于情境价值做出选择，比如根据特殊的场合选择香槟而非葡萄酒。如果我们足够幸运，我们还能接触到具有整体价值的东西：和新的情人到巴黎度假，很可能会调动起从情绪到认知、从美学到享乐的一系列价值。

你的客户欣赏哪一种价值，而他们欣赏的价值是否明确地贯穿了你的沟通内容呢？如果是的话，客户采取行动的可能性更大。

哪怕在我们无须进行选择的时候，

也会分配价值。

哪怕置身无须选择的情况，在刺激第一次展现的时候，大脑也会自动把价值分配给周围的元素。神经影像学证据表明，大脑里有一套自动估值系统，根据人在各种情况下的偏好进行价值编码。该系统是个性化的、通用的、自动的。

在一项磁共振成像研究中，研究人员给参与者看各种面孔、房屋和绘画的照片，请他们根据愉悦感来进行评价，并猜测其年龄。虽然这桩任务用不着进行价值判断，但大脑的估值系统仍然被激活了。尽管受试者只需猜测房子、面孔或绘画的年龄，可看到他们偏爱的照片，大脑的估值系统却更为活跃。我们在不断地进行判断。这可能是因为大脑的估值系统早在金钱发明之前就演化好了，价值是第一位的，等我们日后需要做出选择时，它能充当选择的基础。此种锚点影响着随后的决定，有时甚至会影响与价值无关的决定。

我们甚至都不需要关注太长时间就能分配价值。一项磁共振成像研究让一种状态（高关注度）下的参与者显示一组汽车，要求他们评价其吸引力；又让处在另一种状态（低关注度）下的参与者注视特定目标，同时把若干汽车的照片展示在背景环境里。扫描结束后，研究人员让参与者评价自己购买汽车的打算。结果表明，就算是低关注度状态下的参与者，大脑预测偏好的区域也激活了。没有获得关注的刺激仍可影响选择。参与者并不知道事后会询问自己的打算，故此，研究的目的是想表明，在决策中使用无意识环境触发因素和自动处理是可行的。哪怕未经明确考量，大脑与预期奖励值相关的区域仍然会被激活。这也就难怪研究显示，象征财富和地位的文化刺激（如汽车和车标）激活了大脑的奖励网络。无须充分考量，无须给予太多关注，我们仍然可以做出复杂的经济决定。

利用眼动跟踪设备，人不必投入所有认知资源，在短短 1/3 秒的时间里就能做出建立在价值基础上的决定。举例来说，如果我们饿了，更想吃巧克力棒而非玉米片，有人非常快速地向我们展示了两者的照片，我们会朝自己偏爱的选项看 404 毫秒。感知决策速度更快。我们在 140～160 毫秒里就能看出哪一幅自然风光里包含了动物，用 350 毫秒判断出面部表情或身体姿态是害怕，还是中性。

这类信息对我们的内容意味着什么呢？就算我们不要求别人做出有利于我们的选择，还是必须提供高质量的内容。受众的大脑在不断地将我们展示的东西进行编码。如果你想达到令人难以忘怀的效果，必须凭借质量脱颖而出。

研究告诉我们，等人们为选项分配了价值之后，对有着较长销售周期、更为复杂、不涉及太多消费者参与的产品，他们有可能会忘掉这些价值。请从这一点上考虑你的内容。你是在这些类别（复杂、销售周期长、消费者参与少）中开展业务吗？如果是，不妨考虑通过更频繁的沟通和社交媒体来不断激活人们看重的东西。在这些沟通信息里，不要太强调功能，而要提醒他们对我们的产品和服务有多看重。

决策中的风险和奖励

除了研究与决策相关的奖励和价值，神经科学家还注意到，另一些变量也对我们的选择有影响：为获得奖励所付出的努力（身体上的、财务上的或心理上的），得到奖励之前的时间延迟，获得奖励的风险感知，以及与该奖励相关的社会影响。我们在本书前面部分已经讨论过了若干变量。在接下来的几节，我们要来看看更多的研究，理解这些变量组合起来怎样影响决策，从而帮助我们获取实用的见解。

对通过自动或策略流程所做的决策加以分析，科学家们注意到，当我们心力消耗殆尽的时候，或是感觉情况稳定的时候，决策往往是自动做出的。当我们察觉到风险的时候，更多地依赖策略决策。我们选择牙膏的时候不假思索，做股票投资或者考虑跟新供货商合伙的时候却更为审慎。想一想你自己对金钱、职业、健康、安全、道德行为、国外度假，甚至跟他人互动有什么样的风险感知。你对度假愿意承担的风险，或许比你愿意为事业发展承担的风险更大。

如果我们向听众提出任何要求，尤其是如果他们不认识我们，他们或许会对风险敏感，一般而言，风险来自两种源头：模糊和不确定。我们可以提供清晰的内容，解决模糊性。不确定性更难处理，但也并非无法处理。我们都知道，不确定性是人们日常生活中不可避免的东西，可即便置身不确定的情况，我们仍然能够做出决定。

例如，为了减少不确定性，我们必须找出某个情况下所有可能出现的结果，列出所有可能采取的行动，判断上述行动的后果，为每一后果附加价值，接着选择一个能实现最大化结果的行动。美国统计学家伦纳德·萨维奇（Leonard Savage）以某人煎鸡蛋卷要做的决定为例，来说明不确定性。假设说有个人“已经把 5 个蛋打进了碗里，但不确定第 6 个蛋是好的还是坏的”。这个人需要决定，“是把第 6 个蛋跟前 5 个蛋打进同一个碗里，还是给它单独找一个碗，或者干脆把它扔了”。这种情况很容易应对，因为就算存在不确定性，所得的结果也是数量有限的，而且这个人知道有 3 种可行的做法，也知道这 3 种做法带来的后果，以及每个后果各有什么样的价值。

遗憾的是，现实生活不见得总像这样简单。有 3 种类型的不确定性，是存在科学共识的：(1) 状态空间不确定性，也就是说，我们不见得总能意识到自己行为的所有后果，比方说，公司重组只关注成本而忽略了员工士气；(2) 选项不确定性，意思是我们不能预测到自己行为的详细后果，比如因为下雨了拿起一把伞，但并不知道有没有用，因为雨可能下得太大，伞又太小了；(3) 价值不确定性，意思是我们并不知道自己会给行为的后果分配多大的价值，比方说，我们换工作的时候，并不知道新老板个性对我们生产效率的影响，或者是，我们不知道自己对公司有没有午餐补贴看得有多重要。

针对不确定性的应对，各方研究甚多，有的着眼于方便好用的思维捷径，有的着眼于更正式的工具。捷径指的是人们在不确定情况下做决定时所抄的“小道”，比方说“稀缺捷径”（scarcity heuristic）就指的是，如果某事稀缺，我们会认为它一定是值得要的，有必要花更大的努力去得到它。“前景理论”属于正式的工具。根据这一理论，我们更喜欢现在稳稳妥妥地拿到手的 1 000 美元，而不愿意过一阵子拿有 20%概率打水漂的 1 500 美元。如果你赢了 1 000 美元，亏损了 800 美元，你会更专注于损失的部分，而非 200 美元的收益。如果你和同事都得到了 10%的加薪，你会觉得这样的增长没什么意义。但如果你得到了 10%的加薪，其他人却没加薪，你会感觉更舒服。

在创作说服内容的时候，前景理论有哪些方面可供应用呢？我们可以从收益或损失的角度来搭建信息的框架。比方说，健康行业有研究从收益对损失的角度来考察信息，发现对预防医学来说，如果风险低的话，强调收益的信息更容易引导行为的改变。例如，“加入我们，看看怎样通过增加步行运动量预防心血管病”，这样的信息效果很好，因为步行没有什么风险，此外还可能是因为，它提升了自我效能感和积极的情绪。着眼于收益的信息似乎对信息的处理方式及其后的回忆度也有较大影响。

应对不确定性的另一种现代工具是模糊逻辑法，使用这种方法，哪怕我们的知识不足，数据不精确，仍然可以分析风险。这是因为，模糊逻辑模型使用真相程度不同的若干不同标准对物体进行分类。

如果受众在跟你的互动过程中感知到了高度的不确定性，不妨使用思维捷径来帮助他们迅速做出决定。例如，可得性捷径帮助人们根据脑袋里想到的例子来做判断。通过内容唤起他人的现有体验，或暗示有过此类体验的人都喜欢它们。研究证实，如果我们对某件事情有过亲身经历，或者曾观察别人（尤其是跟我们属于类似群体的人）做过这件事，又或者容易想到这件事，那么，我们往往会认为这件事确定性较强。

我采访过赫斯基（Husky）能源公司业务开发部门总监尼古拉斯·里弗莱特（Nicolas Rivollet）。有一回，他做了一场激励他人的演讲，他提到自己有个理念，就是绝不对别人说“我想要你做这个或者那个”。里弗莱特说，如果我们让别人“想你所想”，而不是“做你所想”，那你就不用再管理他们了。接着，他介绍了自己怎样用这个方法来管理 5 个人、50 个人和 150 个人。他认为自己的演讲有效果，因为他演讲的内容来自个人经验（而非分享领导力书籍里读来的东西），而且他平易近人（别人能轻松地认出他来）。

除了可得性捷径，熟悉度捷径也能降低人们的风险感。例如，如果是投资自己公司或自己国家的股票，人们会因为熟悉而乐于承担更大的风险。如果你向受众介绍全新的事物（你的内容，你本人，或者两者兼有），他们的大脑必须要按自己的理解方式对信息加以组织。这个过程需要人投入更多的努力，因此也就显得更长。另一方面，如果受众熟悉你或者你的内容，这种熟悉和认知轻松性就能减少时间的流逝感。如果要人根据某事采取对我们有利的行为，我们必须问：他们对我们足够熟悉吗？沟通者常常会在还没有落实熟悉度、解决风险之前，向受众提出过分热切的请求，要人做出决定。

如果受众相信自己所见的内容来自权威人物，也会对权威捷径做出响应。一定要保证你的内容经过充分研究，并通过第三方证实你的信誉。

惠普公司的高级总监大卫·希尔（David Hill）要领导大型组织满足重要的销售目标，在推进新电子商务平台的过程中管理大量的风险、磋商分割、分拆等重大企业举措。我有机会询问他使用什么方法来说服他人，在不确定的情况下根据未来打算采取行动。“总的来说，人是根据自己的利益来采取行动的，”他说，“就算他的利益是通过教育改善一个孩子的生活，或是通过提高医疗保健帮助患者预后，仍然是跟他自己切身相关的。如果你想影响别人，你必须从个人层面调动他们。”他建议从基本面出发，下调风险感知。在管理风险的时候，解答“我会被解雇吗”“我能达到目标吗”“我的工作会发生什么样的变动”等问题很有帮助。“恐惧蒙蔽判断力，妨碍做出理性决策。”希尔同时提醒我们，为缓解风险，“你必须表现出你关心他们的福祉。”

时间层面上的期待

受众怎么看待时间，影响着他们的决策。我们是怎么知道这一点的呢？我们知道时间判断跟决策都来自大脑的同一区域。追求即时满足的人，判断短期延迟时的神经反应，比判断长期延迟时更大；而对获得满足有耐心的人，则恰好反过来。事实上，科学家通过观察大脑活动，就能预测人对将来要发生的某件事情是十分重视（从而愿意等待），还是会对它打折扣，到别处找机会。

时间贴现的意思是，我们偏爱现在的较小奖励甚于稍后的较大奖励。这或许是因为，未来似乎更为抽象、不确定性强，而眼前的事则更为生动和具体。所以，如果你在传递内容，并承诺它在将来的某个时间点变成现实，那么，一定要让内容生活而具体，增加情感冲击。为了检验这一假设，研究人员把参与者放到磁共振扫描仪里，问他们："你想现在拿 20 美元还是一个月之后拿 40 美元？"他们还给了参与者一个可以花掉所选金钱的具体背景（比如去酒吧）。在某些条件下，研究人员要参与者描述延迟奖励能为他们带来些什么，而在另一些条件下，参与者要想象这笔钱将来怎么花。参与者还要评价自己所形容或所想象的场面情绪强度有多么生动。研究结果表明，想象花钱的具体方式，能带来更生动的画面以及更高的情绪强度。这些维度会影响受试者对奖励的选择。认为所想象画面的评价生动且情绪强度高的受试者，选择了较长期的回报。

想象未来事件的能力塑造事件的情感价值，影响了当前决策。

期待还塑造了行为的耐心与否。比方说，你期待一场会议持续一个小时。你知道这类会议很少延时，如果稍微长一点，这种预料中的延时也不会让你感到太闹心。反过来说，假设你打电话给有线电视公司的客户服务部门，他们让你暂时等待，别放电话。在这种情况下，有的时候你会永远等下去，有时候也不见得。它基本上是个随机过程。你等待的时间越长，预料中的延时越久，你逐渐失去耐心。身为沟通人员，尤其是在受众之前跟我们没进行过互动，没有相关知识的时候，我们必须谨慎对待要延迟多久才能让他们满足这一点。

很多人都熟悉经典的棉花糖测试，斯坦福的研究人员用 600 多名孩子研究延迟满足。他们告诉孩子们，可以现在吃一个棉花糖，如果愿意等 15 分钟的话，则可以吃两个棉花糖。近年来有人对这一测试做了一点调整。研究人员想看看能等待更长时间是暗示了自我控制，还是说环境也扮演了一定的角色。新研究的主要作者塞勒斯特·基德（Celeste Kidd）表示，“如果孩子们相信，在合理的短期延迟之后能吃到第二个棉花糖，那么延迟满足就是唯一理性的选择。”

实验中，她告诉孩子们，他们将得到物资完成一个艺术项目。对一群孩子，研究方故意未能信守提供更佳物资的承诺，让孩子们觉得自己所在的工作环境不“稳定”。接下来，研究方法又邀请同一群孩子进行棉花糖测试。14 名来自“不稳定环境”的孩子当中，只有一个人等了 15 分钟得到第二个棉花糖。基德设计这个实验的灵感来自她在流浪者收容所的志愿工作，她观察到孩子们怎样争夺资源。“一个孩子得到玩具或糖果的时候，块头更大、动作更敏捷的孩子很可能会把好东西抢走。”她说，“我读到了相关研究，我想，‘这些孩子肯定会立刻就把棉花糖吃掉。’”

回顾你的内容和你要求他人所做的决定，问问看：他们对所在环境的稳定性有什么样的感知？在估量得到奖励的时间延迟以做出决定时，你能不能帮助他们感知到环境稳定？比方说，如果要实施新的软件平台，展示在重大变动完成之前，其他系统（如财务、运营系统等）将保留不变，有助于消除不确定性带来的紧张感。

做决定和社会有关系

就算他人并不实际在场，我们所做的决定往往也会受到社会因素的影响。这就是说，做决定要受他人的规范和其他影响。例如，一项随机采样研究发现，如果给餐厅顾客看 5 份最流行的菜品，点上述菜品的概率就会提高 13%～20%。还有一项研究给参与者看 48 首随机排列或按下载量排列的歌曲名单。按下载量排列的清单对参与者选择下载的歌曲有着更大的影响力。

我们常常根据他人已经做过的选择或他人想要我们做什么选择来做出选择。如果你正在寻找一本想读的新书，《纽约时报》畅销书排行榜或许可以为你的选择充当指引。如果你正在招待客人，米勒啤酒又很受欢迎，那么，你到了商店就会毫不犹豫地选择这种啤酒。这类的捷径（从众效应）推动我们根据他人的选择进行选择，避免尴尬，避免跟人格格不入。

当然，社会决策也存在阈值。如果某样东西太受欢迎，所有人都选择它，它的价值反而会降低。一样东西太招人喜欢了，有时就会招人讨厌。一样东西越是主流，就越容易挨批评。我们如何应对这种情况呢？宾夕法尼亚州公园校区的研究人员发现，流行度的形状就像是一道波浪。起初，一种亚文化的成员喜欢某种产品；随着产品进入主流，流行度逐渐消退。他们做了一项研究调查“酷”跟设计和创意是否有关。1 000 多名参加者回答了有关现有产品的各种问题。研究人员发现，一种产品的效用跟“酷”没有太大关系。USB 或 GPS 设备的有用度评价很高，但却不一定“酷”。游戏机

Wii 和 Xbox Kinect 很“酷”，但并不特别有用。MacBook Air、Instagram 和 Pandora（歌曲网站）在受众的眼里很酷，但在判断有多“酷”时，其效用不是决定因素。

科学家们得出的结论是，如果我们想要“酷”，就必须关注新颖、富有吸引力、能建立亚文化的东西，而这些就需要围绕一种许多人喜欢的东西进行持续创新。怎样在现实生活里应用这些见解呢？营销公司美库尔（Merkle）数字战略副总裁莉亚·冯·泽尔姆（Leah van Zelm）讨论了公司利用专属研究和先进分析找出连锁酒店要在哪些领域进行创新，才能保持竞争力。研究表明，消费者选择酒店品牌时会采用 5 条关键的决策链：良好的设施（可供放松）、良好的设施（便于选择）、一致的积极体验、有地位、能积累奖励。她指出，希尔顿、万豪和喜达屋这前三大品牌在这 5 项上的分数非常接近，故此必须寻找创新机会，以求有所区分。例如，万豪的强项在它的奖励项目上，根据这项研究，它应该在这一项上继续巩固。希尔顿在“一致的积极体验”上得分最高，故此可在定位中强调这一信息，跟其他连锁酒店加以区分。这里，我们所有人都可以汲取的经验是：要在人们本来就喜欢的东西上构建新颖。

在做出社会决定的时候，我们必须考虑别人的想法。心理学家把这种现象称为“心智理论”（theory of mind），指的是思考他人的想法。当我们试着去了解别人的思维方式，典型的做法是切入个人自传体记忆，借鉴过去的经验。科学家们发现，我们自己记忆的强度和理解他人想法的能力之间存在联系。

我们可以来看看达美乐比萨的例子，了解一家公司怎样调整信息，迎合他人想法，迎合他人视为奖励的东西。近年来，该公司在印度大获成功，因为它切入了若干影响决策的社会维度：它跟现有的文化基调挂钩（分享食物，用手进食）；它没有强加西式菜单，而是增添了本地选项；它意识到人们给旁人留下“懂得欣赏西方”的印象。

例如，在印度北部，达美乐公司提供印度塔克饼，这种菜品把烤羊肉串、印度抛饼和比萨三者结合在一起。达美乐设计了一则广告：一位女性对一位男士说，他就像是块印度塔克饼：“有着西方人的外貌，内在却是印度人。”在印度南部，比萨不怎么受欢迎，达美乐便提供当地人喜欢的食材，并不强推新东西。这就诞生了香蕉辣比萨。作家萨里沙·莱伊（Saritha Rai）形容达美乐三明治（一种带比萨馅的汉堡）说，“吃起来很印度的西式面包。”

你能够考虑他人想法，从对方所处角度创建信息吗？你对信息的措辞方式，能不能给人带去这样的感受：如果他们照着你说的做，在别人面前会显得很棒？你提供的内容“是否有着足够可取的社会概念和足够可取的社会概念”？为什么要重复两次呢？这是为了促使我们纳入两种看似矛盾的价值观。举例来说，我们可以投射权威形象，但同时保持谦卑，两者都为社会可取。

你为自己和为他人所做的决定一致吗？

研究提醒我们，个人和社会决定之间存在区别，这种区别跟利益相关。

我们在做决定的时候，往往会从脱离背景环境的高层次抽象层面上想象遥远的事件。而我们为近期事件做决定的时候，则爱从更具体、更贴合背景环境的角度去设想。这种差异带来的优势是，抽象思维激活了创造性解决问题的能力，能促成新观点。

例如，请想象如下场景："一名囚犯想要从塔楼里跳出去。他发现在牢房里找到了一根绳子，绳子的长度仅有塔楼的一半高，不够让他安全降到地面。他把绳子对半分开，将两部分系在一起，逃掉了。他是怎么做的呢?"研究表明，如果要人们想象该场景发生在一年以后（而不是明天），他们会发挥更强的创造力来解决这个问题。想象是别人而不是自己被关在塔楼里，也会让人发挥出更强的创造力。

另一项研究要参与者给自己想写的故事画一个外星人，或是给别人写的故事画一个外星人。人们在后一种情况下表现出更强的创意。此研究根据每一幅画里与众不同的特征数量（比如，不像地球人，或是眼睛超过两只）来测算创意。我们往往倾向于按带背景环境的具体方式来感知当前的自我，但却会以更抽象的方式感知未来的自我和他人行为。换句话说，我们为未来自己所做的决定，是在模仿我们代表他人所做的决定。由于这些画面是抽象的，我们就有了发挥更强创造力的机会。

从做决定的角度来考虑创造力很重要，因为我们不光希望鼓励他人做决定，还希望他们做的是能带来创新的创意决定。举例来说，生物技术创业公司 Aobiome 培养细菌，并把它们用于化妆品中。该公司开发了 AO＋化妆清透喷雾，这种喷雾"看起来像水，闻起来像水，尝起来像水，但富含细菌"。Aobiome 团队里有人决定让细菌显得更具有吸引力。该产品自 2012 年以来大获成功，获得了都市年轻专业人士的关注，这些人最喜欢寻找非传统方式来保持健康。你希望自己的团队里有多少这类的人？为获得这种充满创造性的决策，我们必须邀请他人站在未来或者他人的角度去想象怎样做决定。

创意决策也跟受亲社会激励有莫大的联系。有研究发现，人们跟帮助了他人的决定有关系，会报告说很喜欢，而且愿意付出更大的努力，因为为他人做决定带来了意义和满足感。当我们受内在动机推动，我们会聚焦于当前，而我们受亲社会动机推动的时候，我们会聚焦于未来——这带来了更大的创造力。

并非所有的决定都受亲社会动机鼓舞。在经典的最后通牒博弈心理学实验里，如果受试者相信交易不公平，宁可放弃物质回报来减少对方的回报（比如，如果他们知道别人拿到了 9 美元，会拒绝接受拿 1 美元）。最近，针对此种博弈的神经科学研究发现，如果参与者的血清素含量低，情况会变得更糟糕。血清素含量高能带来社会合作与联手，血清素含量低者往往好勇斗狠。

这意味着，我们的内容必须极为清晰地传递出公平和信任概念：这两个因素都能影响到血清素的含量。如果血清素水平高，则亲社会动机更强，从而带来更富有创造力的决定。

做决定时权衡可取性和可行性

在分析诸如奖励、价值、努力、时间延迟、风险和社会影响等变量时，我们还可以问一问，人是根据可取性还是可行性来做决定。我们是为他人还是为自己做决定，这些因素会有什么不同吗？为他人做决定的时候，我们往往更强调可取性（也即最终状态的价值）；而为自己做决定的时候，我们往往更注重可行性，也就是实现最终状态的途径。去一个漂亮的地方度假是可取的，去一个便宜的地方度假则是可行的。诚然，选择高度可取且高度可行的东西是最好的，但这又不见得随时做得到。这就是为什么在其中之一不够好的时候我们努力想实现平衡的原因：我们迫切地想要某样东西，但它不可行；或者，我们并不怎么太想要某件东西，但要得到它是可行的。

在什么时候我们会给可取性分配更大的权重呢？要回答这个问

题，我们必须了解它们在心理表征上的差异。可取性是抽象的，反映了一种高层次的心理结构。可行性是具体的，反映了一种低层次的心理结构。为了区分两者，我们还必须考虑心理距离，这指的是人对心理疏远的行为，大多会激活抽象概念；对心理贴近的行为，会激活具体概念。我们为遥远未来的某件事做决定的时候，会根据可取性进行选择；而为迫近的某件事做选择的时候，则会以可行性为基础。举例来说，在一项研究中，假设受试者“明天”或者“从今往后一年之内”只能买一款软件程序，那么，他们在为后一条件做选择时，会更注重程序的质量（可取性）。

如果决策对象改变，上述决策倾向会发生改变吗？让我们从心理距离的角度来看看人怎样为自己做决定，又怎样为他人做决定。一项研究要求参与者分别为自己、为最好的朋友、为熟人选择工作。他们可以从两个职位中进行选择。职位 A 待遇更好，但自我实现感较低；职位 B 恰好相反。此时，薪水属于可行性，自我实现感属于可取性。为自己选职位 A 的人多，为朋友或熟人选职位 B 的人多。受试者为自己或他人选择餐厅、课程或度假地时，结果也是类似的。

人们为别人做决定时往往主要关注突出可取的特点，为自己做决定时则会关注范围更广的各种特点（包括一些不那么重要的地方）。为他人进行选择，我们大多还可以容忍更大的风险。一些研究人员将效用等同于可取性（因为它描述了最终状态的价值），将概率等同于可行性（因为它描述了达成最终状态的便利性）。故此，如果我们认为风险就是主观效用和概率的组合，那么，在为别人做选择时，我们更多地注重效用。

这些对你的内容意味着什么呢？回顾你的信息，想想看：人们什么时候会欢迎就某事采取行动的建议？受众来找你听取信息，大多是为了获取更多信息跟他人分享，或是为了改善自己的决策。从这个方面说，平衡可取性和可行性，能让你的内容更具说服力。这是因为，可行性有助于人们为自己做决定，而可取性则能在受众与他人的事务中助他们一臂之力。

模糊逻辑的现实案例研究

我们已经看到了研究对各种影响决策的变量的思考：奖励、价值、努力、时间延迟、风险和社会影响。让我们来看看这些变量又是怎样反映在真实的商业案例中的。以下这个案例研究可供我们学习，因为相关的高级管理人员和销售团队实现了最佳的结果：长久地停驻在人们的脑海里，让他们做出有利的决定。如果我们把商业成功定义为“让别人做出对你有利的行为”，我们会想知道：他们是怎么做到的呢？

利用模糊逻辑理论，我们可判断这些变量应用在特定决策流程下的“真实度”（degree oftruth），尤其是在存在不确定性但我们有希望依靠科学的情况下。任何领域的专家均可为每一变量分配一个介于0～1之间的分数（分数越是接近1，说明该变量的影响越大），最后综合考量它对决策的影响。如果分数接近0，作决定就很容易。

为了让这个练习显得简单些，我们姑且只考虑4个变量：努力、时间延迟、风险和社会费解度。以洗衣服为例：不需要太多努力（比如说分数0.2吧），时间延迟短（0.2，我们很快就能看到结果），没有风险（0），没有社会费解度（0，我们穿着干净衣物，味道好闻，人们会欣赏我们）。此时，{0.2，0.2，0，0}带来了行动。

如果一个变量高而其余三者都低，这不算太糟糕。如果是两高两低，作决定就比较困难了，但还不至于没法作。如果三高一低，天平就开始倾斜了。如果四个变量都很高，这事儿你还是算了吧。如果每当我们想吃巧克力，就得前往哥伦比亚，冒着耳朵边的嗖嗖枪声在可可田里辛苦劳作，每年只能收获一轮可可，并且没人欣赏我们的努力，我们永远不会吃什么巧克力。本例中，{1，1，1，1}的集合，无法带来行动。

让我们来看看这四个影响决策的变量在软件公司里发挥着什么样的作用。对于大多数技术公司来说，季度末可不光是要把所有数目加起来上报的日子。一些高管一到这时候就紧张，因为突发状况往往会在最后一刻冒出来。技术公司TIBCO就碰到了这样的情况。

该公司总部设在加利福尼亚州的帕洛阿尔托，在美洲、欧洲、亚洲和澳大利亚都有业务。在季度末的最后一天，一家顶尖潜在客户公司的决策人对 TIBCO 说，“现在不行。”这是个重大商业机会，TIBCO 已经忙活了足足两个月。

TIBCO 的全球销售副总裁埃里希·格柏（Erich Gerber）回忆说：“我们全都准备好结束这个季度了，所有人都想着好好放松、庆祝一下。但客户觉得没有任何理由非得在这个季度内成交，再等等为什么不行？”但埃里希和销售团队却设法说服了客户现在就采取行动。客户调动了来自法律、财务和采购部门的 6 名员工，每个人至少工作了 10 个小时，成功地赶在季度末最后时限之前把生意做成了。相当及时。

埃里希和他的团队是怎样做到的呢？埃里希回顾当时的情况，说，“这就像是直升机在飞，你必须随时都把手放在操纵杆上。”让我们来分析一下各变量的使用。第一，必须从整体上阐明双方的奖励，因为没有奖励就不太可能带来行动。

● 对销售的奖励。销售的预期回报可能是金钱，但也不见得总是这样。就 TIBCO 而言，通常情况下，付出了加倍努力的销售代表并不会第二天就拿到奖金。他们的奖励不是金钱，而是在组织面前显得好看的机会。很多时候，表现卓越是比金钱更强烈的动机。

● 对客户的奖励。表面上看，主要的奖励似乎是获得尽可能最优惠的价格。然而，埃里希提到，“到了互动的某个阶段，另一项奖励出现了：根据良好的条件完成团队努力的机会。我们经常观察到这种情形。”

阐明奖励的好处在于，在销售周期的多次交谈中，我们可以使用强调奖励的关键词汇和短语，促成行动。例如，凸显表现卓越的短语可以包括“留下印象”“发光的时候到了”，甚至用积极的语气说“等到所有人都听说这个消息”。强调团队努力的词汇包括“合作”“互助”“伙伴”，以及“关系”。如果我们知道团队合作能激励某人，“我们喜欢过去几天里双方结下的紧密关系”就比“你能享受到折扣”的奖励性更强。

让我们针对销售人员和客户，分别为每个变量分配分值。

销售人员一方的决策：

（1）努力。假设这个值为 0.6。到了季度末，销售团队料到要付出额外的努力，且额外的努力不会延续太长时间，只是几天而已。

（2）时间延迟。所有人看到工作奖励之前的时间延迟很短。人人都知道本季度即将结束。经过短暂的时间延迟，组织中的其他人将体会到自己付出的努力。假设这个值为 0.2。

（3）风险。风险感知比较高。如果我们考虑到“在组织面前表现出众”的奖励，那么，反过来的情况就很冒险了。如果这桩生意没做成，许多人都会知道。让我们给这一点赋值 0.9。

（4）社会费解度。这一点绝对是 0，因为组织里的所有人都会很快知道出众的努力意味着什么。

客户一方的决策：

(1) 努力。客户一方要付出很多的努力，因为这不是个人对个人的生意。必须要有较大的团队参与。假设这个值为 0.9。

(2) 时间延迟。假设奖励是“根据良好的条件完成团队努力”，这一奖励的效果很快会被注意到。假设这个值为 0.2。

(3) 风险。风险感知适中，因为客户是在跟一家可以信任的公司合作。假设这个值为 0.4。

(4) 社会费解度。客户希望依照能让自己在所属组织面前显得好看的决定来采取行动。购买一款会给公司诸多方面造成影响的应用程序是个重要决策，有重大的社会影响力。假设这个值为 0.2。

看看这些分数，有助于我们理解双方的员工怎样做决策。有些变量的分数很高，但另一些对销售方和客户方都非常低。获得奖励的时间延迟短，再加上客户一方的社会影响力大、风险感知小，把这件事做成是比较容易的。如果我们知道奖励，并预计有望提前知道每个变量的分数，我们就能更好地校准双方互动。这一点很重要，因为我们认为有风险的东西，或许在对方而言没什么风险；又或者，我们感知有着较高社会影响的东西，对另一方并非如此。判断分数的最好办法是直接问对方：“这桩交易将带来什么样的组织影响?”“你认为这个流程存在多大相关的风险?”“大家愿意投入多少努力?”

最重要的问题是，“在你看来，奖励是什么？”

大脑不断在寻找接下来最大的奖励。在这个过程中，它会权衡开采（exploitation）和探索（exploitation）。通过开采，它可以追溯过去业已证明能带来奖励的习惯。通过探索，它寻找新的奖励源头。你会成为受众寻求的下一项奖励的组成部分吗？如果你不光能把内容跟过去的奖励挂上钩，还能提供新的奖励源头，你就不可能遭到无视。

要点

● 如果受众已经执行了一项任务很长时间，把你的内容跟现有的习惯挂上钩。如果没有习惯跟你的产品或设想相关，那就介绍以目标为导向的信息。当你反复加以实践，就是在帮助受众培养新习惯。

● 形成习惯靠的是做，而不是不做。用积极正面的信息来框定信息。

● 决策通常包括四个步骤：

（1）确认感官刺激：这是什么？

（2）选择能实现奖励最大化的行为：它值多少？

（3）根据打算采取行动。

（4）评估结果：你准确地预测到了结果吗？

● 受众对不同对象、人员和体验分配的价值，可以是功能性的、具体的，也可以是更为抽象的。人们会出于情绪、认识论、美学、享受或情境价值来购买东西。要向受众阐明这些价值。

● 就连人们没注意到的刺激也会影响选择。它们并不妨碍沟通人员发挥影响力，因为你所分享的一切，都有着影响决策的潜力。

● 能对人的选择产生影响的变量包括为获得奖励所付出的努力（身体、精神或财务上的）、得到奖励之前的时间延迟、获得奖励的风险感知、与奖励相关的社会影响。

● 如果受众感知到你与他们之间的互动存在高度的不确定性，可考虑使用思维捷径，如可得性、熟悉度或权威感，帮助他们快速做出决定。

● 快速决策同样建立在环境及社会因素稳定的感知上。

● 平衡可取性和可行性，能让内容更具说服力。这是因为，人们在做有关自己的决策时，可行性有帮助；人们在为他人做决定时，可取性有帮助。

● 要让内容跟过去的奖励挂钩，同时也要提供新奖励的源头。

第十二章　记住什么，忘掉什么

2012 年，一个名叫马里奥·格斯蒂亚·冈萨雷斯（Mario Costeja Gonzalez）的律师被谷歌气得发了疯。一切始于 12 年前，在西班牙，格斯蒂亚碰到了财务困境，西班牙的一份报纸公布了他的财务信息。尽管他最终解决了问题，可多年以后，谷歌仍然能链接到该篇文章，对他的声望产生了负面影响。格斯蒂亚联系了西班牙官方，要求谷歌删除该链接。2014 年春，欧盟最高法院要求谷歌对格斯蒂亚的相关搜索里停止显示该链接。欧洲监管机构确认欧盟国家的任何人都有权要求“不恰当、不再相关的”信息从搜索结果里删除。从某种意义上说，欧洲人如今拥有了美国人暂时还没有的东西：被遗忘的权利。

美国的情况很不一样。如果你读大学时做过一些不负责任的事情，还被上网记录了这些让人感到遗憾的事情，你现在可要认真对待了，因为搜索引擎完善了对老旧不相关信息的缓存，任何人都能访问。《纽约客》杂志曾刊登过一篇辛酸的文章，记者杰弗里·托宾（Jeffrey Toobin）讲述了克里斯托斯·卡特索拉斯（Christos Catsouras）的徒劳努力：删除网上信息。卡特索拉斯和格斯蒂亚不同，他不是担心自己的名声，而是网上有很多他18岁的女儿在交通事故中头被撞飞的照片，这些照片带来的情感冲击简直把他折磨疯了。卡特索拉斯用了5年时间从泄露这些照片的警察那里得到了一些赔偿，但却没从谷歌那里得到过丝毫的帮助。

自从欧盟做出裁决后，谷歌处理了17.4万条删除信息的请求，涉及60多万条超链接。但这仅适用于欧盟国家。你或许没法在Google.de（谷歌德国）上找到德语的相关内容，但如果上Google.com上搜索，说不定能找到。雅虎和微软也参与了这场删除搜索结果的努力，并且期待，总有一天，监管机构可以做出裁决，要求删除欧洲之外的这些链接。

想想以下的可能性：一旦发布，你的内容说不定会永不消失。最好是保持谦卑，随时记住：我们今天想留在受众记忆里的东西，明天说不定会有所改变。

对你内容的记忆有使用期限吗？

受众的记忆能力将影响他们的决定，但他们遗忘的能力，对你的事业可能同等重要。这么想吧：遗忘既可能出于无意，也可能是有意的。如果人们未能对我们提供的新信息编码，或是我们现在提供给他们的知识，因为很少重新激活，随着时间而衰减，此时会出现无意遗忘。如果我们想说服人们放弃从前的习惯，接受新思维，此时的遗忘就是有意为之。在这种情况下，观众最好是忘记原来的内容、记住新鲜的内容。

回顾你的内容，思考怎样迎合这两种类型的遗忘：要经常性地重新激活你最重要的信息，避免无意遗忘；如果原有的信息不再发挥作用，要有意识地将受众注意力引导到新事物上。请记住，你能创造的内容和体验类型，有可能永久地停驻在社会记忆里。几个星期、几个月，甚至几十年之后，它们是否仍然适合你的形象呢？

把旗帜插到将来的山头上

体育用品制造商安德玛（Under Armour）集成及数字战略副总裁比尔·贝塞尔曼（Bill Besselman）告诉我，公司几年前播放了一段广告，展示电脑和衣物怎样融合。广告描绘一位女士穿着一件贴身T恤，她一触摸T恤，衣服就会改变颜色和温度，同时还在她手腕上显示这些指标。听起来很是美好。唯一的问题在于，这样的T恤并不存在。然而，安德玛的CEO凯文·普兰克（Kevin Plank）并不因此就放弃向世界传递这样的愿景。普兰克在公司上下强调“搞定、搞定、搞定”的企业文化，给贝塞尔曼留下了深刻的印象。普兰克相信，不久的将来，零售商品会植入联网芯片。“我们要把那件T恤做出来，”他说。

如果受众的大脑在不断快进，那么，要想留在他们的思想里，我们就必须成为他们未来的一部分。回顾你的消息，问：“一年或者两年后，我的内容会来到什么地方?”根据这个想象的时间点重新设计信息。

预见黑天鹅

我们在A点分享信息，打算让人们在B点记住并根据它采取行动，这一轨迹不见得始终是条直线。人的生活片段，常常像S形那样展开。受众或许打算做某件事，接着慢慢着手，建立习惯或“最佳实践”，直到另一件事发生。技术升级、市场崩溃，或是公司重组，制造了足够的破坏性，出现新的S形。我们打算影响他人记忆和决定的时候，必须预见到他们生活里有可能发生的类似瞬间，我们必须时刻准备好，一旦崩溃点到来，就生成新内容，把它跟新的线索、记忆、决定挂钩。

分析你的内容和受众所处的背景，学一学有关“黑天鹅”的文

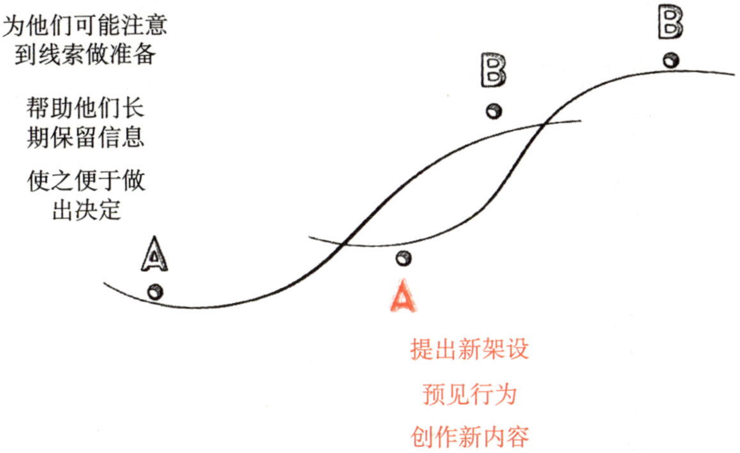

献。“黑天鹅”指的是，有可能对你的目标造成极端影响、生成新S形曲线开端的意外事件。这一领域的实践指导方针提醒我们，尽管按照定义来看，我们无法预料到这一类的事情，但可以为它们做准备。你可以映射我们运作的空间，思考有哪些因素对企业成功有着重大牵连，这些因素之间有什么样的二阶甚至三阶关系。举个例子，曾有一刻，苹果把制造iPod所需的锂电池用光了。供应商是从日本株式会社吴羽采购聚合物的，但2011年的地震给吴羽造成严重影响。吴羽占有全球锂电池聚合物市场的70%。

根据受众所处的背景环境，列一张潜在的破坏因素清单，多问几个“万一”，确定突发事件，这有助于我们为S形曲线的出现做好准备。

谨慎对待大脑科学神话

创作内容时借助大脑科学的优势在于，我们可以把记忆植入人们的思维，指引他们采取行动。如果有着科学依据的原理来自实证研究，我们可以利用那些有效的、可靠的结论。但要当心那些未经证实的“科学”主张。“我们只利用了大脑的10%”一类的神话就是从这些地方传出来的。在非科学工作者的阐释下，功能磁共振成像扫描延续了这一神话。我们在大脑扫描中看到的颜色区域并不说明只有该区域活跃，而是说这些区域的活跃度更高。这并不意味着大脑的其他部分是闲置的。另一些神话，比如“多巴胺负责愉悦感”“杏仁核产生恐惧”“图片比文字更令人难忘”，抓住了非科学工作者想要获得关注的迫切心情，他们并不太关心这些说法本身在科学上是否站得住脚。

借助有着坚实科学基础的指导方针，我们能影响他人记住我们想要他们记住的内容，而不是靠碰运气去左右整个过程。创作内容时使用确凿的大脑科学同样很重要，因为受众的大脑不见得总是在接收我们希望他们记住的信息；外部的噪声和刺激太多了。大多数时候，人们消费内容的时候三心二意，而且随时打算开展多重任务。更何况，把持着关注焦点的往往还是他们内心的喧嚣。

攻读研究生课程期间，我在记忆方面学到的最重要一课，来自多伦多大学士嘉堡分校的心理学教授史蒂夫·乔登斯（Steve Joordens)。在一堂讲座上，乔登斯讨论了但丁的《神曲·地狱篇》，但丁进入了地狱各界，见到了各种受到可怕折磨的灵魂。等这些备受折磨的灵魂意识到但丁最终会重回人间，他们最迫切的愿望竟然是被仍然活着的人记住。总有些时候，我们会希望留在别人的记忆里，并以这样那样的方式影响他们。

留驻在他人的意识里，影响其决策，是个既光荣、又需要承担责任的任务。联合国教科文组织提醒我们："战胜始于人的意识"，"可意识也是构建和平的地方"。请使用本书的指导方针，在人们的意识里植入足够持久、足够有益、能带着人类走上圆满之路的想法和观念吧。

归根结底，**如果人们还记得你，你就一直活着。**

附录：创造难忘内容的15个变量核对表

把你的内容想象成诸多片段组成的序列（比如销售演说中的幻灯片，博客文章中的段落，营销活动中的信息，或是培训课程里不同的环节，单独来看，这些片段都有着强烈的意义）。从宏观层面上（如销售演说、广告活动或培训课程），请平均在至少一半的片段里纳入本核对表列出的9个变量，这对要旨记忆有帮助（人们能记住你沟通的整体含义）。为了确保变量体现在了内容里，请用核对表给它的强度打分（1～5分，5分为最高分）。

为制造精确记忆，促使行动，在微观层面上，内容片段的40%需要密集，也就是说，你必须在同一片段里包含至少7个变量。例如，你可以创建一帧幻灯片，它的背景跟其他幻灯片不一样，负责提供相关的新事实、唤起情绪、让你在他人面前显得好看。

	描述	
1	背景 定义：对信息编码的环境。 在这份核对表里，背景代表了时间和空间。A 点的位置和行为越是生动，B 点的回忆就越准确、越容易。我们可以用两种办法影响人们的这一方面：我们可以用概念在他们的意识里创建背景，让他们清楚地知道到哪里去搜索记忆。例如，“我们公司的三大支柱是：员工、流程和产品。” 我们还可以确保展示新信息的物理背景跟人们检索线索时有可能看到的背景保持匹配。想想看，飞行员学习具体任务的地方是在驾驶舱（A 点）而不是在教室。你在 A 点展现的背景，跟你的听众在 B 点看到的东西有多高的匹配度？	1 2 3 4 5
2	线索 定义：在我们没有接触到重要内容的时候，内部或外部对它的触发因素。 线索是帮助回忆的提醒，其效力取决于它们跟初始内容有多密切的相关性，跟其他类似内容有多少连接，在回忆时是否足够突出以吸引注意力。比方说，为了推广可持续发展，一些商店最近在停车场竖起了巨型告示牌，上书“带上你的购物袋”。这是一条很棒的线索，提醒我们该怎么做。分析内容，问你自己：“事后会不会出现什么线索，提醒听众某一具体内容？还是说，他们必须花费更多的精力自己来记住这些事？”	1 2 3 4 5

续前表

	描述	
3	独特性 定义：刺激从相邻项目中脱颖而出的能力。 如果我们有这样两段内容序列："文本-文本-文本-图形-文本-文本"，以及"图形-图形-图形-图形-图形"，在前一序列处在中间位置的图形就比后一序列中的更突出。要让人能察觉到某物在整体模式中显得独特，从一个刺激到另一个刺激的过渡就必须足够强烈（如果可以量化的话，至少需要为前一刺激强度的30%～40%）。从这个角度看（分析序列中的项目），独特性不仅是一种物理性质，也是一个心理过程，它强调了时空独特性的重要意义。 在给独特性打分的时候，可将一个序列的开始设为5分，接着根据其后项目的相似程度，检查这一分数是保持不变还是在下降。	1 2 3 4 5
4	情绪 定义：获得奖励或避免惩罚所引发的状态。 我们观察身边各种刺激的时候，会预测接下来将发生些什么，并借此来评估、解码刺激价值。 故此，我们所创作的内容性质是否跟得到奖励或回避惩罚挂钩，就是它能否引发情绪反应的症结所在。看到一段内容，问： "这会让我更接近获得奖励或避免惩罚吗？" "它是中性的吗？" "它在让我远离奖励或走向惩罚吗？"	1 2 3 4 5

续前表

	描述	
5	事实 定义：通过实际经验或观察所掌握的真相。 分析内容的时候，要把抽象的、意见为主的部分（如，“如果一个员工的士气低落，办公室里的其他人也会感觉消沉”）跟事实性的部分（如，“30%的员工每天花两小时回复电子邮件”）区分开来。将依靠经验或观察可知的内容组成部分设为高分。	1 2 3 4 5
6	熟悉度 定义：对某一主题的认识或掌握程度。 我们会不自觉地认为某些事情很熟悉。由于它们节省认知能量，我们会自动地投入它们，甚至经常对它们心存偏爱。如果事情偏离了我们习以为常的套路，我们体验到了新颖，熟悉度才会进入意识层面。在分析内容片段的时候，问：“受众以前见过这个吗？”“能否轻松地将它跟受众已知的东西挂起钩来？”	1 2 3 4 5
7	动机 定义：我们愿意付出努力，以求获得奖励、避免惩罚时所感受到的精神状态。 如果我们饿了，看到食物，我们的动机是努力获取食物。如果我们吃饱了，就不愿意花太多功夫来获取食物。动机受记忆的影响，也有助于记忆：我们记住得越多，做某事的动机就越强；我们对某事做得越多，我们记得也越清晰。 获得奖励之前所感知到的努力、风险、时间延迟，以及我们行动带来的社会影响，对动机也存在推动作用。分析内容的时候，问：“受众根据这一内容采取行动的动机有多强？”“要花很多努力才能对它采取行动吗？”“在人们看到奖励之前要等很久吗？”“如果他们采取了行动，会给人留下印象，还是说根本没人注意到？”	1 2 3 4 5

续前表

	描述	
8	新颖性 定义：以前没有碰到过的体验的质量。 我们同样可以从绝对和相对的角度来对新颖性进行分类：绝对新颖性指的是受众从未体验过的事情，而相对新颖性则提供的是以未曾体验过的新方式组合起来的熟悉刺激（比方说，蘸着花生酱吃泡菜）。碰到新东西的时候，我们会对记忆进行快速搜索，对照现有的记忆库存来映射该体验。分析内容的时候，问问看："受众以前见过这个吗？""他们是否见过这东西的另一种表现方式？""他们过去几天、几星期或者几个月里看到过这个吗？"	1　2　3　4　5
9	信息的数量 定义：我们在同一时间向受众传递的内容量。 当我们在一定时间内调动受众的感知，把东西放在背景当中，增添事实、抽象概念和意义，唤起情感，我们就拥有了制造更多记忆痕迹的能力。简短的内容不见得一定是难忘的内容。但如果演讲人一次性地释放出太多的内容，观众不是彻底放弃，就是记不住具体细节，只记得住要旨。分析内容的时候，问："我的内容是否足够简短，能让听众保持专注呢？我的内容又是否足够详尽，能让他们编码多条记忆痕迹，帮助他们事后进行回忆呢？"	1　2　3　4　5

续前表

	描述	
10	相关性 定义：手头事情的重要性。 如果刺激被视为跟获取奖励、避免惩罚相关，那么，它将得到优先关注，在记忆中保持活跃，直到目标最终完成、需求消失。分析内容，问：“受众在 B 点的时候（此时他们应当记住内容并据此采取行动），这对他们的重要性有多大？”	1 2 3 4 5
11	重复 定义：刺激多次发生。 让我们把“多次”看成至少 3 次，因为 MRI 研究表明，要让大脑把某事检测为重复、形成模式，至少需要三次曝光。你的内容里有多少元素得到了重复，重复频率如何？ 在给重复性打分的时候，把集合最开始的部分设定为 1 分，然后看在特定部分里有多少项目（如色彩、排版、文字、图像等）得到了重复，判断分数是保持不变还是有所增加。	1 2 3 4 5
12	自我生成内容 定义：指邀请别人来参与的互动内容：回答反问，完成未完成的设想，想象场景。 分析内容的时候，问：“受众是在被动地消费它，还是有参与的机会，能从我分享的东西里提取出意义？”向受众提问，邀请他们从抽象的角度想象你介绍的东西，是变被动为主动的好办法。	1 2 3 4 5
13	感官强度 定义：我们接触刺激时感官的激活程度。 就商业内容而言，感官强度来自视觉、听觉信息，或经文字唤起的想象力所触发的其他感官。分析内容的时候，问：“我激活了多少种受众感官？”	1 2 3 4 5

续前表

	描述	
14	社会因素 定义：如果听众记得你的内容并在事后据此采取行动，能帮你带来的诸如权力、名望和地位等社会优势。 社会期待能放大动机，推动行动，也对我们记得的内容有影响。研究证实，购买功能丰富智能手机的人之所以这么做，是因为他们希望别人会认为自己精通技术，能开放地对待新体验。分析内容的时候，问："记住并按照这一内容采取行动，能给受众带去什么社会优势吗？"	1 2 3 4 5
15	意料之外 定义：突然或出乎意料地遇到某事所带来的结果。 期待通常要依赖预见到某事发生的线索或推理过程。我们也可以使用术语"不相容性"（incongruity）来指代这样一种刺激：它创造出了同时出现的其他刺激未能满足的期待。 这会影响记忆，因为我们感到意外时便发生了学习（如果我们记得下次该做些什么避免意外，便提升了自己的生物适应性）。一般而言，人类不断地想要修正自己的模型或图式以做出更准确的预测，因为更准确的预测意味着节省认知能量。意料之外带来了预测的改善。分析内容的时候，问，"受众本来期待得到某种东西，结果却得到了另一种东西吗？"（例如："在这张幻灯片上，我期待放一幅巨大的图片，结果它所呈现的却是密密麻麻的小字。""他们期待正式的东西，结果得到的却是完全非正式的东西吗？""他们期待得到静态的东西，结果却突然看到了动起来的东西吗？"）	1 2 3 4 5
	总计得分	

译后记

这是好几年前的事情了。不知还有没有人记得 2014 年王自如和罗永浩现场面对面对话“锤子”手机的事。具体的事由我就不在这里啰唆了，现在网上都还能查到视频资料。单说现场 PK，王自如一方给出了很多详细的数据，来说明第一代锤子手机这样那样的短板。罗永浩在反驳的时候，对数据细节并不做纠缠，反而拿出了一块又一块纸板，用大号字体质疑王自如评测的中立性，给观众留下了极为深刻的印象。以至于到了节目结束的时候，观众基本上记不得王自如的测评，反而对老罗纸板上的内容记忆犹新。

我就是一个对这一幕记忆犹新的观众。那时候，我的想法是，这不是有点搅混水的意思么？但随着时间的流逝，我已经忘记了双方争执的重点（有谁会记得几年前一款安卓手机的具体配置?)，单单记下了老罗极其成功的信息传播与沟通手法。本书对难忘信息所提出的几个要点，“易于处理、难以忘记、无法忽视”，老罗统统做到了。从这个角度讲，老罗的现场表现，就是对本书所述原理活灵活现的、巧妙的应用。

类似的案例，在商业场合还有很多。如果说这对我有什么影响，那就是在这之后，碰到有机会当众发言，我再也不做堆积大量数据的 PPT，也很少用具体的数据来强化观点了：我只罗列要点，并给要点配上突出的字体和图片，然后就是寻找相关案例讲故事。

传递令人难忘的信息，是职场人士的一项必备技能。信息传递得好，不仅有利于信息的接受方作出决定，也有利于传递信息的人建立正面积极的形象。

由于译者水平有限，或一时的疏忽，可能会出现一些错译、曲解的地方。如读者在阅读过程中发现不妥之处，或是有心得愿意分享，请一定和我联系。在搜索引擎上搜索译者的名字，就可访问译者的豆瓣小站。

感谢本书翻译的合作者曹沁颖女士以及为本书翻译提供帮助的李佳、张志华、唐竟、向倩叶、罗浩、廖昕、唐芸、曾静等朋友。

闫佳

赢者思维

——欧洲最受欢迎的思维方法

【新西兰】克里·斯帕克曼　著

傅明　傅饶　译

如何调整思维，为实现目标提供巨大驱动力？

如何充分利用大脑的情感系统，激发我们内在的潜能？

如何挖掘价值观的力量，为成功助力？

本书是新西兰著名神经学家克里的力作。克里曾获得创造性思维大奖。他在脑神经系统领域潜心研究多年，总结出了一套思维训练的方法，帮助许多运动员成为世界冠军，也使许多普通人获得了斐然成就。

学会创新

——创新思维的方法和技巧

【英】罗德·贾金斯　著

肖璐然　译

本书是训练和培养创新思维的极佳读物。中央圣马丁学院著名的创造力导师罗德·贾金斯在本书中，研究了世界上许多创造力大师是如何思考的，他将他们的思考方式提炼出来，并用很多案例，来帮助读者掌握创新思维的方法和技巧。

创新并不是专属于某些人的权利，它与我们的生活息息相关，在互联网时代，创新更是赋予我们的人生无限可能。学习本书中的思维方式，抓住机会，面对更好的未来！

Carmen Simon, PhD.
Impossible to Ignore: Creating Memorable Content to Influence Decisions
1259584135

北京市版权局著作权合同登记号：01-2016-7086

图书在版编目（CIP）数据

被记住，你才能赢/（美）卡门·西蒙（Carmen Simon）著；闫佳，曹沁颖译. —北京：中国人民大学出版社，2018.2

书名原文：Impossible to Ignore：Creating Memorable Content to Influence Decisions

ISBN 978-7-300-24969-8

Ⅰ.①被… Ⅱ.①卡…②闫…③曹… Ⅲ.①商业信息-研究 Ⅳ.①F713.51

中国版本图书馆CIP数据核字（2017）第219769号

被记住，你才能赢

［美］卡门·西蒙（Carmen Simon） 著

闫 佳 曹沁颖 译

Bei Jizhu，Ni Caineng Ying

出版发行	中国人民大学出版社		
社　　址	北京中关村大街31号	**邮政编码**	100080
电　　话	010－62511242（总编室）		010－62511770（质管部）
	010－82501766（邮购部）		010－62514148（门市部）
	010－62515195（发行公司）		010－62515275（盗版举报）
网　　址	http://www.crup.com.cn		
	http://www.ttrnet.com(人大教研网)		
经　　销	新华书店		
印　　刷	北京联兴盛业印刷股份有限公司		
规　　格	148 mm×210 mm　32开本	**版　　次**	2018年2月第1版
印　　张	9.375 插页2	**印　　次**	2020年5月第2次印刷
字　　数	168 000	**定　　价**	55.00元